TANJA DUSY

BUDDHA BOWLS

Levante

ÜBER **50** REZEPTE MIT ORIENTALISCHEN GEWÜRZEN UND AROMEN

EMF

EIN BUCH DER EDITION MICHAEL FISCHER

INHALT

VEGETARISCH & VEGAN 22

FISCH & MEERES-FRÜCHTE 80

LEVANTE BOWLS

Bowls findet man heute nicht mehr nur in hippen Lokalen. Sie gehören zum Gastronomiestandard der Metropolen weltweit – entsprechen sie doch mit ihrem bunten Mix an gesunden, frischen Zutaten, überraschenden Aromakombinationen und der unkomplizierten Art, alles in einer Schüssel zu genießen, ganz unserem heutigen Lebens- und Essstil. Ein zweiter spannender Foodtrend in jüngster Zeit ist die Küche der Levante: eine zeitgemäße, junge Interpretation orientalischer Traditionen, wie sie Yotam Ottolenghi und andere kreative Köche vertreten.

Viel Gemüse, büschelweise Kräuter, Hülsenfrüchte und auch das ein oder andere bei uns weniger bekannte Gewürz, dafür nur ein bisschen Fisch und wenig Fleisch machen die Levanteküche gesund, zeitgemäß und unendlich spannend. Auch durch die besondere Art zu genießen macht die Küche des Nahen Ostens den Menschen Appetit: Statt einer klassischen Menüfolge oder der starren Zusammenstellung von Fleisch oder Fisch, Gemüse und Sättigungsbeilage kombiniert man mehrere separate kleine Gerichte. „Meze", die bunten Vorspeisen in Schälchen, werden in möglichst vielfältiger Form gereicht, und jeder bedient sich nach Lust und Laune: Gemüse, Fleisch und Fisch, gebraten oder gekocht, knusprig Frittiertes und cremige Dips, Mildes und Scharfes, Rohkostsalat und sauer eingelegtes Gemüse stehen dann einträchtig auf dem Tisch.

Das Prinzip der Abwechslung und Vielfalt nutze ich seit Langem in ähnlicher Weise für meine Bowl-Rezepte, in denen ich möglichst unterschiedliche Geschmäcker, Aromen und Texturen zu einem runden Ganzen kombiniere. Da auch mich die gewürzsatte und zugleich sehr frische Levanteküche begeistert, schien es mir nur folgerichtig, beides zu verbinden. Herausgekommen sind superbunte, spannende Schüsseln mit einem besonderen Hauch von *1001 Nacht* – allerdings in neuer Auflage. Beste, saisonal gewählte Zutaten, viel Vegetarisches und Kräuter satt machen die Levante-Bowls zwar orientalisch opulent und üppig, aber nie auf Kosten von Figur, Gesundheit oder Umwelt.

Durch die Vereinigung orientalischer Aromen und Essgewohnheiten mit einem zeitgemäßen, bewussten Ernährungsstil werden die Levante-Bowls für mich zum Nonplusultra: eine Mezetafel und zwei kulinarische Welten, vereint in einer Schale. Und die sollten wir ruhig häufiger löffeln – allein, zu zweit oder, ganz im Sinne orientalischer Gastlichkeit, auch in größerer Runde mit Freunden.

ORIENTALISCH GENIESSEN –
WIR, HIER UND HEUTE

EIN BISSCHEN ORIENT

Wer Levante Bowls genießen möchte, muss sich nicht in den Nahen Osten, sondern höchstens in ein orientalisches Lebensmittelgeschäft oder einen türkischen Supermarkt begeben. Neben wenigen speziellen Zutaten zeichnet sich die moderne Levanteküche vor allem durch einfache, möglichst frische, unverarbeitete Produkte aus: jede Menge Gemüse und Kräuter, Getreide, Hülsenfrüchte und Milchprodukte wie Joghurt als breite Basis sowie ab und an etwas Fisch und Fleisch. Nicht anders sollten unsere Mahlzeiten nach gängigen Ernährungsempfehlungen (etwa der Deutschen Gesellschaft für Ernährung, DGE) aussehen – noch ein Grund, etwas mehr Orient auf den Tisch zu bringen.

DIE IDEALE KOMBI

Getreide bildet bei Bowls meist die (Kohlenhydrat-) Basis – dabei lohnt es sich, die Favoriten der Levanteküche zu nutzen (Grundrezepte s. S. 18). Manchmal drehen wir das Ganze aber auch um: Dann bilden pürierte, gut gewürzte Hülsenfrüchte, Gemüse oder auch mal Joghurt bzw. Frischkäse das cremig weiche Bett für alle anderen Zutaten. Darauf kommen reichlich frisches, möglichst saisonal gewähltes Gemüse und frische Kräuter, die als zusätzliches Gesundheits- und Aromenplus dienen. Eine Mischung aus Gegartem und Rohkost sorgt für texturelle Vielfalt sowie ein Mehr an Vitaminen, Mineralstoffen und sekundären Pflanzenstoffen. Fleisch und Fisch gibt es eher in kleinen, dafür feinen Mengen. Hülsenfrüchte, Milchprodukte, Eier, Nüsse, Saaten und Olivenöl sorgen auch bei Rezepten ganz ohne Fleisch für genügend Eiweiß und gesunde Fette. Eine derartige Mischung macht jede Bowl zur rundum ausgewogenen, sättigenden Mahlzeit.

SCHLAU KOMBINIERT

Orientalische Küche ist traditionell aufwendig; nicht selten verbringen vor allem die Frauen Stunden mit der Zubereitung. Auch unsere Bowls kosten etwas Zeit und Mühe, da fast nur frische, unverarbeitete Zutaten verwendet werden – echtes Clean Eating. Jede Menge Gemüse muss geschält, klein geschnitten oder geraspelt und unterschiedlich zubereitet werden. Das lohnt sich aber – nicht nur, was den Nährwert, sondern auch was Aroma und Genuss angeht. Zudem gibt es hilfreiche Kniffe und Hacks. Wie viele moderne orientalische Köche nutze ich oft kürzere, schonendere Zubereitungsmethoden, als die traditionelle Küche vorsieht. Zudem organisiere ich die Schritte clever: Während ein Gemüse im Ofen schmort, lässt sich das andere zu Rohkost hobeln oder fix ein Dip mit dem Pürierstab mixen; auch Bohnen aus Dose oder Tiefkühltruhe sind okay.

So werden alle Bowls in überschaubarer Zeit wunderbar vielfältig, bunt und rundum gesund.

LEGENDE

 NACH DIESER ZEIT STEHT DIE BOWL FERTIG AUF DEM TISCH.

 VEGANER GENUSS AUCH OHNE EI UND MILCH

 SCHMECKT (AUCH) KALT

 Die Temperaturangaben beziehen sich auf Ober- und Unterhitze.

 Alle Bowl-Rezepte sind für 2 Personen berechnet.

DER LEVANTE-VORRAT –
WAS ES (HÄUFIGER) BRAUCHT

HÜLSENFRÜCHTE

Hülsenfrüchte sind preiswert und lassen sich gut lagern. Sie dienen daher in vielen orientalischen Ländern als Fleisch- und damit Eiweißersatz – perfekt für Vegetarier hierzulande. Die Bandbreite reicht von Kichererbsen bis zu unterschiedlichen Bohnen- und Linsensorten, sodass immer wieder neu variiert werden kann. Je nachdem, wie schnell es gehen soll oder muss, hat man die Wahl zwischen länger garenden Beluga-, Le-Puy- oder Berglinsen und schnell garenden roten oder gelben Linsen – diese sind bereits geschält und haben ohne Hülle nicht nur eine kürzere Garzeit, sondern sind so auch bekömmlicher. Die meisten Hülsenfrüchte gibt es praktischerweise bereits vorgegart in Dosen, vakuumverpackt oder tiefgekühlt – häufig in bunten, (möglichst) ungewürzten Mischungen, die hier ideal sind. Wer möchte, kann auch getrocknete Hülsenfrüchte nach Packungsangabe garen, gut abtropfen lassen und trocken tupfen, dann portionsweise einfrieren – so sind sie bei Bedarf schnell zur Hand und dazu noch ausgesprochen preiswert.

JOGHURT & KÄSE

Joghurt bildet nicht nur die Grundlage vieler Dressings, Saucen oder Dips – er wird gern auch einfach so zu Speisen gereicht. Ideal ist griechischer oder türkischer Joghurt mit 10 % Fett, der auch die Grundlage für Labneh, den levantinischen Frischkäse (Grundrezept s. S. 20) bildet. Da in den kargen Regionen des Nahen Ostens häufig statt Milchkühen eher genügsame Ziegen oder Schafe gehalten werden, stellt man Joghurt und Käse auch auf deren Milchbasis her. Wer möchte, kann Kuhjoghurt darum ruhig einmal durch Ziegen- oder Schafskäsejoghurt ersetzen. Die typischen Schafs- oder Ziegenfrisch-

käse in Salzlake findet man in verschiedener Form in türkischen Lebensmittelgeschäften; aber auch griechischer Feta passt hier perfekt.

TAHIN

Das cremige Mus aus gemahlenem Sesam ist wesentlich für die levantinische Küche: Es dient als Grundlage von Saucen, Marinaden, (Hummus-)Dips und Tahina, dem schlichten Alltagsdressing aus Tahin, Knoblauch, Zitronensaft und Wasser. Man bekommt Tahin inzwischen fast in jedem Supermarkt oder Bioladen und hat oft die Wahl zwischen hellem (aus geschälten Samen) und dunklem (aus ungeschälten Samen), das etwas herber, nussiger schmeckt. Unbedingt beachten: Manche Sorten enthalten bereits Salz, darum hier später etwas sparsamer würzen.

GRANATAPFELMELASSE

Der dicke, sirupartig mit Zitronensaft eingekochte Granatapfelsaft hat nichts mit der knallroten Grenadine aus dem Spirituosenmixregal zu tun. Er besitzt eine leicht süßliche Note, schmeckt aber vor allem angenehm säuerlich und ist vergleichbar mit einem konzentrierten alten Aceto balsamico. Und genauso kann Granatapfelmelasse immer mal wieder eingesetzt werden: in Salatdressings und als kleiner Säurekick zu Fleisch, Fisch, Linsen oder gegartem (speziell gebratenem, gegrilltem oder geröstetem) Gemüse. Wer keine Granatapfelmelasse bekommt, kauft im türkischen Lebensmittelgeschäft *Nar eksisi* – türkischen Granatapfelsirup, der im Prinzip der Granatapfelmelasse entspricht.

DIE WELT DER GEWÜRZE

Vor allem den verschiedenen Gewürzen verdankt die orientalische Küche ihren besonderen Zauber und Reiz. Hier lohnt es sich, einmal den eigenen Vorrat aufzustocken – und die Gewürze auch sonst ruhig häufiger einzusetzen.

PAPRIKA, CHILIS & HARISSA

Schärfe hat in den Küchen des Nahen Ostens und Nordafrikas viele Namen und Nuancen. Gut geeignet sind dafür ein mildes edelsüßes Paprikapulver und etwas schärfere Chiliflocken oder Pul biber (türkische Paprikaflocken, die es in milder und scharfer Variante gibt). Wer richtig Schärfe liebt, nimmt Paprikaflocken oder Paprikapulver und Harissa. Diese nordafrikanische Würzpaste beinhaltet neben Chilischoten auch noch andere würzende Zutaten wie Knoblauch, Kreuzkümmel und/oder Koriander. Etwas milder, feiner und aromatischer schmeckt Rosenharissa, dem tatsächlich getrocknete Rosenblüten zugefügt sind. Sehr reizvoll ist auch Pimentón de la vera aus Spanien: Das Pulver aus getrockneten geräucherten Paprikaschoten gibt Speisen eine zusätzliche rauchige Grillnote – erhältlich in milder *(dulce)* und schärferer *(picante)* Version.

KREUZKÜMMEL

Er wird auch Kumin genannt und hat nichts mit dem bei uns bekannten Kümmel gemein. Sein leicht pfeffriger, erdig herber Geschmack ist in der orientalischen Küche allgegenwärtig. Wer die Möglichkeit hat, stellt sich gleich gemahlenen Kreuzkümmel und ganze Samen ins Regal.

KORIANDER

Mit seinem leicht süßlich-herben Aroma bildet Koriander einen tollen Kontrast zu Kreuzkümmel und ist daher ideal als Ergänzung. Wer richtig frische, intensive Würze möchte, kauft ganze Körner, röstet diese leicht ohne Fett, lässt sie abkühlen und zerreibt sie dann selbst im Mörser.

ZIMT, KARDAMOM, NELKEN & PIMENT

Die Gewürze, die wir vor allem aus der Weihnachtsbäckerei kennen, werden in vielen Ländern gern auch für herzhafte Gerichte (z. B. für Fleisch) verwendet. Piment erinnert in seinem Aroma an eine Kombination aus Nelken, Muskatnuss, Zimt und Pfeffer – diesem Umstand verdankt er auch seinen anderen Namen: Nelkenpfeffer.

SCHWARZKÜMMEL

Die kleinen, an schwarzen Sesam erinnernden Samen kennt man meist von orientalischem Fladenbrot. Sie schmecken intensiv würzig und erinnern ebenfalls überhaupt nicht an Kümmel. Schwarzkümmel ist auch unter dem Namen „Nigella" erhältlich, insbesondere in asiatischen und indischen Lebensmittelgeschäften.

SUMACH

Das dunkelrote, fast violette Gewürzpulver wird aus den gemahlenen, getrockneten Früchten des Färberbaums gewonnen. Es schmeckt leicht fruchtig und dezidiert säuerlich und ist ideal zu Fisch, Fleisch oder Gemüse – immer dann, wenn auch 1 Spritzer Zitrone angebracht wäre. Man bekommt Sumach gut in türkischen Lebensmittelgeschäften. Falls keiner zur Hand ist, wirklich Zitronensaft verwenden.

ZATAR

ZUTATEN

2 EL Sesam

2 TL Sumach (s. S. 11)

1 EL getrockneter Majoran

1 EL getrockneter Oregano

2 EL getrockneter Thymian

½ TL grobes Meersalz

SO GEHT'S

1 Sesam in einer Pfanne ohne Fett rösten, bis er bräunt und nussig duftet. Abkühlen lassen und anschließend mit Sumach, Majoran, Oregano, Thymian und Meersalz im Mörser nicht zu fein verreiben. In einem dunklen Schraubglas aufbewahren.

ZHOUG – SCHARFE WÜRZSAUCE

ZUTATEN

40 g Koriandergrün

15 g Petersilie

1–2 grüne Chilischoten

1 kleine Knoblauchzehe

½ TL gemahlener Kreuzkümmel

¼ TL gemahlener Koriander

¼ TL gemahlener Kardamom

⅓ TL Zucker

2 EL Limettensaft

2–3 EL Olivenöl

Salz – Pfeffer

SO GEHT'S

1 Koriandergrün und Petersilie waschen und trocken schütteln, Blätter samt Stängeln grob hacken. 1 Chilischote (wer Schärfe verträgt, nimmt 2) waschen, putzen und samt Samen in Ringe schneiden. Knoblauch schälen und hacken. Alles mit den Gewürzen, dem Zucker, dem Limettensaft, 2 EL Olivenöl und 2 EL Wasser nicht zu fein pürieren. Mit Salz und Pfeffer würzen.

2 In einem kleinen, sauberen Twist-off-Glas und, ähnlich wie Pesto, mit etwas Olivenöl aufgefüllt, hält sich die Würzsauce im Kühlschrank gut 1 Woche.

DUKKAH

ZUTATEN

- 75 g Haselnusskerne
- 25 g Pistazienkerne
- 2 EL Sesam
- 1½ EL Kreuzkümmelsamen
- 1 EL Korianderkörner
- 1 TL Fenchelsamen
- 1 EL schwarze Pfefferkörner
- 1 TL Schwarzkümmel
- 1 TL edelsüßes Paprikapulver
- ¾ TL (Meer-)Salz

SO GEHT'S

1 Backofen auf 200 °C (Ober-/Unterhitze) vorheizen. Haselnüsse auf einem Backblech verteilen und im heißen Ofen
etwa 10 Minuten rösten. Abkühlen lassen, dann auf ein sauberes Geschirrtuch geben, dieses um die Nüsse zu einem Beutel
drehen. Nüsse darin fest gegeneinander reiben, sodass sich die
braunen Häute lösen.

2 Inzwischen nacheinander Pistazien, Sesam und Gewürze in
einem beschichteten Pfännchen rösten, bis sie duften; dabei
aufpassen, damit sie nicht verbrennen. (Möglichst nicht alles
auf einmal rösten, da sich die Röstzeiten jeweils unterschei-
den). Abkühlen lassen.

3 Sesam und Gewürze im Mörser nicht zu fein zerdrücken und
mit Paprikapulver mischen. Haselnüsse und Pistazien im Blitzhacker eher grob mahlen und unter die Gewürze mischen.

BAHARAT

ZUTATEN

- 12 grüne Kardamomkapseln
- 2 TL schwarze Pfefferkörner
- 1½ EL Kreuzkümmelsamen
- 2 TL gemahlener Koriander
- 2 EL gemahlener Zimt
- 1 TL gemahlener Piment
- ½ TL gemahlene Muskatnuss
- 1 EL edelsüßes Paprikapulver
- 3 Msp. Chilipulver

SO GEHT'S

1 Die schwarzen Kardamomsamen aus den grünen Samenkapseln
lösen. Pfeffer und Kreuzkümmel in einer Pfanne ohne Fett rösten,
bis sie duften. Abkühlen lassen und mit dem Kardamom im
Mörser fein zermahlen. Mit den übrigen Gewürzen mischen und
in einem dunklen Schraubglas aufbewahren.

 TIPP

Baharat wird ähnlich wie indische Currymischungen je nach Gericht
oder Region unterschiedlich zusammengemischt.

NOCH MEHR WÜRZE

SALZZITRONEN

Die in Salzlake eingelegten Zitronen kennt man eher aus der marokkanischen Küche. Ihr mild-säuerliches Aroma passt perfekt zu vielen orientalischen Gerichten. Meist wird nur die Schale verwendet, von der man zuvor das Innere entfernt. Wer möchte, kann auch ruhig einmal etwas klein gehackte Schale als zusätzliche Würze über eine Bowl geben – dann allerdings die Bowl sparsam salzen, weil die Zitronen an sich sehr salzig sind. Man bekommt sie in türkischen Lebensmittelgeschäften oder online.

PETERSILIE

Petersilie wird in der Levanteküche oft büschelweise verwendet – nicht nur im Petersiliensalat Tabouleh. Sie bringt jede Menge Frische in die Gerichte und steckt dazu noch voller Vitamin C – allerdings nur in ungekochtem Zustand. Am besten immer die aromatischere glatte und keine krause Petersilie verwenden.

ARAK

Dieser ungesüßte Anisschnaps ist im gesamten Levanteraum verbreitet. Er erinnert geschmacklich an die Anisaperitife Pernod, Ouzo bzw. Raki und wird wie diese meist verdünnt mit Wasser getrunken. Dabei verfärbt sich der an sich farblose Schnaps in milchiges Weiß. Seine feine Anisnote macht ihn ideal als Würze für Marinaden, Dips und Saucen oder zum aromatisierenden Ablöschen von Fleisch oder Fisch.

KORIANDERGRÜN

Das intensiv riechende Kraut wird in der orientalischen Küche ebenso verschwenderisch als Würze und Garnitur verwendet wie bei uns die Petersilie. An seinen speziellen, leicht seifigen Geruch und Geschmack muss sich so mancher erst gewöhnen.

Koriandergrün sollte immer möglichst frisch und ungekocht nur zum Bestreuen verwendet werden. Büschelweise in feuchtes Küchenpapier eingeschlagen, hält es sich in einem Plastikbeutel im Gemüsefach mehrere Tage frisch.

DILL

Auch wenn viele von uns Dill eher als nordische Würze in Gurkensalat und Fisch verorten würden: Eigentlich stammt das Kraut, das fein nach Anis schmeckt, aus den Ländern des Ostens. Nicht nur Fisch, sondern auch Fleisch, Gemüse und (Pilaw) Reis bekommen durch ihn in der Levanteküche eine ganz besondere Note.

MINZE

Minztee wird in orientalischen Ländern rund um die Uhr getrunken, aber auch als Gewürz findet das intensiv duftende Kraut vielfältigen Einsatz. Im Gegensatz zur immer leicht an Kaugummi erinnernden Pfefferminze wird in Nordafrika und dem Nahen Osten meist hellgrüne Marokkanische Minze oder Nana-Minze verwendet. Sie enthält weniger Menthol und schmeckt dadurch weniger „minzig". Noch intensiver als frische Minze würzt getrocknete, die in jedem türkischen Lebensmittelgeschäft zu bekommen ist.

EINGELEGTE ZWIEBELN

ZUTATEN

2 rote Zwiebeln

200 ml Weißweinessig

¼ TL getrockneter Oregano

2 Msp. Chiliflocken

2 Limetten

Salz

SO GEHT'S

1 Zwiebeln schälen und in dünne Ringe oder Spalten schneiden. Den Essig mit Oregano und Chili aufkochen, inzwischen die Limetten auspressen. Zwiebeln in den kochenden Essig geben, die Hitze reduzieren und die Zwiebeln bei schwacher Hitze 2–3 Minuten leicht köcheln lassen; sie sollten etwas weicher werden und Farbe an den Essig abgeben. Mit Limettensaft und knapp 1 TL Salz abschmecken. Vom Herd nehmen, in ein sauberes Schraubglas füllen, verschließen und abkühlen lassen. Mindestens 1 Tag (über Nacht) im Essigsud ziehen lassen. Im Kühlschrank aufbewahrt, halten die Zwiebeln gut 2 Wochen.

ROTKOHL-PICKLES

ZUTATEN

½ kleiner Rotkohl (ca. 400 g)

1¼ TL Salz

3 EL Zucker

½ TL schwarze Pfefferkörner

4 Nelken

4 Lorbeerblätter

150 ml Weißweinessig

SO GEHT'S

1 Rotkohl waschen, längs halbieren und vom Strunk befreien, quer in feine Streifen hobeln oder schneiden. Mit ¼ TL Salz mischen und mit den Händen kräftig durchkneten, bis der Kohl weicher wird. Zugedeckt 3–4 Stunden ziehen lassen.

2 In einem Topf 350 ml Wasser mit 1 TL Salz aufkochen, Zucker, Pfefferkörner, Nelken und Lorbeerblätter in das kochende Wasser geben. Abschalten, auf Zimmertemperatur abkühlen lassen. Essig unterrühren, den Rotkohl zugeben und alles gut durchmischen. In ein sauberes, verschließbares Bügelglas füllen und 3 Tage bei Zimmertemperatur durchziehen lassen. An einem kühlen, dunklen Ort oder im Kühlschrank aufbewahrt, halten sich die Pickles gut 2 Wochen.

EINGELEGTE RADIESCHEN

ZUTATEN

150 ml Weißwein- oder Apfelessig

2 EL Zucker

¾ TL Salz

1 Stück Rote Bete (nach Belieben)

200 g Radieschen

SO GEHT'S

1 Essig und Zucker unter Rühren erhitzen, bis sich der Zucker völlig aufgelöst hat. Salz und nach Wunsch Rote Bete (sie sorgt für eine rosa Färbung) zugeben. Die Mischung abkühlen lassen.

2 Inzwischen die Radieschen waschen, putzen und in dünne Scheiben schneiden. In ein sauberes, verschließbares (Twist-off-)Glas füllen und die Essigmischung samt Roter Bete darübergießen; dabei darauf achten, dass sich die Gewürze schön gleichmäßig verteilen. Das Glas leicht auf die Unterfläche aufstoßen, sodass sämtliche Luftblasen entweichen, dann verschließen. Die Radieschen mindestens 1 Woche durchziehen lassen. Sie halten sich ungeöffnet 6 Monate.

GRUNDREZEPTE –
GETREIDE

JEWEILS FÜR 1 REZEPT (2 BOWLS)

COUSCOUS

120 g Instant-Couscous mit ¼ TL Salz in einen
Topf geben. 125 ml kochend heißes Wasser (einfach im Wasserkocher aufkochen) daraufgießen
und zugedeckt auf kleinster Garstufe 5–10 Minuten quellen lassen. Dann 1 EL Olivenöl oder
1 TL Butter mit einer Gabel unterrühren und dabei
den Couscous leicht auflockern. Zugedeckt auf
ausgeschalteter warmer Herdplatte weitere
10 Minuten ausquellen lassen.

PERL-COUSCOUS (MOGHRABIEH)

Perl-Couscous ist deutlich größer und gleichmä-
ßiger rund als normaler Couscous. Er ähnelt eher
Pasta und wird auch genauso gekocht: Reichlich
Wasser aufkochen, salzen und darin den Perl-
Couscous 18–20 Minuten offen garen. In ein Sieb
abgießen und abtropfen lassen.

 TIPP

Wer keinen Perl-Couscous bekommt, kann statt-
dessen (sardische) Fregola nehmen, die es in gut
sortierten italienischen Lebensmittelgeschäften
gibt. Diese geröstete, perlförmige Pasta aus Hart-
weizengrieß gart allerdings meist schneller als
Perl-Couscous, daher am besten an der Packungsangabe orientieren.

BULGUR

100 g Bulgur mit 150 ml Wasser oder Gemüsebrühe in einen Topf geben. Aufkochen und das Wasser salzen. 1–2 Minuten kochen lassen und dann 20–25 Minuten bei schwacher Hitze zugedeckt garen. Schließlich auf der ausgeschalteten warmen Herdplatte noch 5–10 Minuten ausquellen lassen.

HELLE QUINOA – BUNTE QUINOA – (SAFRAN-)REIS

120 g der jeweiligen Getreidesorte mit 240 ml leicht gesalzenem Wasser (also Getreide zu Wasser immer im Verhältnis 1 : 2) aufkochen, 1 Minute sprudelnd kochen lassen, dann auf kleiner Stufe zugedeckt 15–20 Minuten garen. Schließlich auf der ausgeschalteten, warmen Herdplatte weitere 10 Minuten ausquellen lassen. Wer möchte, kann für Safranreis den Inhalt von ½ Briefchen Safran fein zerreiben und mit dem Reis ins kochende Wasser geben.

FREEKEH

100 g Freekeh in eine Schüssel mit kaltem Wasser geben, gründlich durchspülen und ggf. von kleinen Steinchen säubern. 5 Minuten im Wasser ziehen lassen. 180 ml Wasser aufkochen und salzen. Freekeh in ein Sieb abgießen, dann ins kochende Wasser geben. Einmal aufkochen, dann bei schwacher Hitze in etwa 15 Minuten garen, bis die ganze Flüssigkeit aufgesogen ist. 10 Minuten auf der ausgeschalteten Herdplatte ausquellen lassen.

 TIPP

Bei Freekeh handelt es sich um unreif geernteten Weizen, der getrocknet und geröstet wird – daher seine nussige, rauchige Note. Er ist an der Levante weit verbreitet, bei uns aber eher selten zu finden. Als Ersatz eignet sich Grünkern, halbreif geernteter Dinkel: 100 g Grünkern gründlich sauber spülen, dann in 200 ml Salzwasser oder Brühe 10 Minuten kochen. Schließlich bei sehr schwacher Hitze gut 30–40 Minuten abgedeckt ausquellen lassen.

LABNEH & LABNEHBÄLLCHEN

ZUTATEN

400 g griechischer (Schafs- oder Kuhmilch-)Joghurt (10 % Fett)

Salz

Olivenöl zum Einlegen (nach Belieben)

SO GEHT'S

1 Ein feines Sieb so mit einem sauberen Mulltuch auslegen, dass das Tuch an den Rändern überhängt. Den Joghurt mit knapp ¼ TL Salz mischen und in das Tuch geben. Das Tuch über dem Joghurt zusammendrehen und mit einer Schnur zu einem „Säckchen" zusammenbinden.

2 Das Säckchen mit der Schnur an einem Kochlöffelstiel befestigen. Den Kochlöffel über eine ausreichend große Schüssel hängen, sodass das Säckchen den Boden der Schüssel nicht berührt und die Molke abtropfen kann. Im Kühlschrank 48 Stunden abtropfen lassen, bis der Joghurt zu einer streichfähigen, cremigen Frischkäsemasse geworden ist.

3 Für Labnehbällchen den Frischkäse weitere 24 Stunden hängen lassen, bis er krümelig und wesentlich trockner ist. Aus der Käsemasse mit den Händen 6–8 kleine, feste Bällchen formen. Wer möchte, kann die Bällchen vorsichtig in ein verschließbares Glas geben und mit Olivenöl übergießen, bis sie vollständig bedeckt sind. So halten sie sich im Kühlschrank 2–3 Wochen.

 TIPP

Die Labnehbällchen können Sie vor dem Servieren nach Geschmack in gehackten frischen Kräutern, getrockneter Minze, Zatar, etwas Schwarzkümmel, Paprikapulver oder sogar Chiliflocken wälzen – der Fantasie sind kaum Grenzen gesetzt!

GERÖSTETE PITA-ECKEN

ZUTATEN

2–3 große dünne Pita-Fladen
    (Wraps, s. Tipp)

1 Knoblauchzehe

6 EL Olivenöl

3 EL Zatar (s. S. 12)

(Meer-)Salz

SO GEHT'S

1 Den Backofen auf 180 °C (Ober-/Unterhitze) vorheizen. Ein Backblech mit Backpapier auslegen. Die Pita-Fladen mit einem scharfen Messer in 5–6 cm breite Streifen schneiden, die Streifen in Dreiecke mit der Seitenlänge von 5–6 cm. (Wer größere Pita-Ecken haben möchte, achtelt die Fladen nur.) Den Knoblauch schälen und in eine Schüssel pressen. Das Öl zugeben, mit Knoblauch und der Hälfte Zatar verrühren. Die Brotdreiecke beidseitig dünn damit bestreichen – sie sollten gut bestrichen, aber keinesfalls damit getränkt sein. Dann auf dem Blech verteilen, mit übrigem Zatar bestreuen und leicht salzen.

2 Die Pita-Chips im heißen Ofen (Mitte) in 5–7 Minuten goldbraun und knusprig backen – dabei unbedingt gut im Auge behalten, sie können sehr schnell verbrennen. Aus dem Ofen nehmen, auf dem Blech wenden und weitere 7–8 Minuten backen. Herausnehmen und auf Kuchengittern lauwarm oder vollständig abkühlen lassen.

 TIPP

Auch arabische Fladenbrote (Chubz), türkische Dürüm-Fladen oder sogar Tortilla-Fladen eignen sich im Prinzip für dieses Rezept. Da sie aber unterschiedlich dick sind, ändert sich jeweils die Backzeit. Am besten passen möglichst dünne, zweilagige Fladen, die Sie meist in türkischen oder orientalischen Imbissen finden. Bei den Fladen vor dem Zurechtschneiden erst die beiden Schichten voneinander trennen und einzeln mit Öl bestreichen. Wer dickere Fladen nimmt, sollte die Backzeit anpassen; die Chips brauchen dann knapp doppelt so lange im Ofen.

VEGETARISCH
& VEGAN

EXTRA-HOT-BREAKFAST-BOWL

ZUTATEN

FÜR DEN SPINAT

400 g Blattspinat (alternativ
   250 g TK-Spinat)

1 kleine Knoblauchzehe

2 EL Olivenöl

½ TL Kreuzkümmelsamen

300 g griechischer Joghurt
   (10 % Fett)

Salz – Pfeffer

FÜR DAS AVOCADO-RELISH

2 EL Sesam

1 reife Avocado

Saft von ½ Zitrone

½ Bund Petersilie

Salz – Pfeffer

AUSSERDEM

100 g helle Quinoa (s. Tipp)

3 Tomaten

60 g Butter

2 Eier (Größe M)

1–2 TL Harissa (s. S. 10)

**Geröstete Pita-Ecken
(s. S. 21; nach Belieben)**

SO GEHT'S

1 Quinoa zubereiten und quellen lassen, wie auf S. 19 beschrieben. Inzwischen Tomaten waschen, halbieren und das weiche Innere entfernen, dann das Fruchtfleisch klein würfeln. Für das Avocado-Relish Sesam in einer Pfanne rösten, bis er duftet und leicht bräunt. Herausnehmen und abkühlen lassen. Die Avocado halbieren, Kern und Schale entfernen. Das Fruchtfleisch etwa 1 cm groß würfeln und sofort mit Zitronensaft beträufeln. Petersilie waschen und trocken schütteln, die Blättchen abzupfen und grob hacken. Mit der Avocado vermengen, salzen, pfeffern, dann die Hälfte des abgekühlten Sesams untermischen.

2 Spinat waschen und putzen, dicke Stiele wegschneiden. Die Blätter trocken schleudern, übereinanderlegen und in 1 cm breite Streifen schneiden (Tiefkühl-Spinat leicht antauen lassen). Knoblauch schälen und fein hacken. In einem Topf das Olivenöl erhitzen, darin Knoblauch und Kreuzkümmel bei mittlerer Hitze leicht anrösten. Den Spinat dazugeben und bei starker Hitze unter Rühren in 3–5 Minuten zusammenfallen lassen (Tiefkühl-Spinat bei starker Hitze garen, bis er aufgetaut und möglichst viel Wasser verdampft ist). In ein Sieb geben, lauwarm abkühlen lassen, dann gut ausdrücken und auseinanderzupfen.

3 In einer kleinen beschichteten Pfanne 1 EL Butter zerlassen. Die Eier in die heiße Pfanne schlagen und daraus Spiegeleier braten; das Eigelb sollte flüssig bleiben. Salzen und pfeffern.

4 Inzwischen den Spinat mit 100 g Joghurt mischen, salzen und pfeffern. Quinoa auf 2 Schalen verteilen, Spinat daraufgeben, den übrigen Joghurt glatt rühren und mit einem Löffel darüber verteilen. Die Spiegeleier aus der Pfanne nehmen und darauflegen. Die Pfanne auswischen, restliche Butter darin schmelzen und kurz aufschäumen lassen. Harissa unterrühren, die Pfanne vom Herd nehmen. Harissabutter über Joghurt und Ei träufeln, Relish und Tomaten daneben anrichten und alles mit übrigem Sesam bestreuen. Wer möchte, reicht Pita-Ecken dazu.

TIPP

Quinoa sollte man generell vor dem Garen in einem feinen Sieb gründlich mit heißem Wasser durchspülen, um die Bitterstoffe auszuwaschen (von denen helle Quinoa wesentlich weniger enthält als bunte).

35 MINUTEN

COOLING SUMMER-BOWL

ZUTATEN

FÜR DAS DRESSING

4 EL Granatapfelmelasse (s. S. 9)

Saft von ½ Zitrone

2½ TL (flüssiger) Honig

1½ TL Kreuzkümmel

1 TL gemahlener Zimt

2–3 Msp. Chilipulver

Salz – Pfeffer

5 EL Olivenöl

AUSSERDEM

120 g Instant-Couscous

2 EL Pinienkerne

2 Tomaten

1 Minigurke

450 g Wassermelone
(300–350 g Fruchtfleisch)

2 Frühlingszwiebeln

½ Bund Basilikum

2 Stängel Minze

200 g Halloumi

Öl zum Braten

SO GEHT'S

1 Couscous zubereiten und quellen lassen, wie auf S. 18 beschrieben. Inzwischen für das Dressing die Granatapfelmelasse gründlich mit 2 EL Zitronensaft, Honig und Gewürzen verrühren. Salzen und pfeffern, dann das Öl kräftig unterschlagen.

2 Pinienkerne in einer Pfanne ohne Fett rösten, bis sie leicht bräunen und duften, dann abkühlen lassen. Die Tomaten halbieren, Kerne entfernen und das Fruchtfleisch in Würfel schneiden. Gurke waschen, putzen und in etwa gleich große Würfel schneiden wie die Tomate. Von der Melone die Schale entfernen und das Fruchtfleisch in kleine Stücke schneiden; dabei so viele Kerne wie möglich entfernen. Frühlingszwiebeln waschen, putzen und mitsamt dem Grün in nicht zu feine Ringe schneiden. Die Kräuter waschen, trocken schütteln, die Blättchen abzupfen und nur grob zerschneiden.

3 Halloumi trocken tupfen und in größere Würfel schneiden. In einer beschichteten Pfanne wenig Öl verteilen und den Halloumi darin rundherum leicht anbräunen.

4 Couscous mit der Hälfte der Kräuter und den Frühlingszwiebeln mischen, auf zwei Schalen verteilen. Tomaten, Gurke und Melone vermischen und das Dressing darübergeben, ebenfalls auf die Schalen verteilen, dann den Halloumi darauf anrichten. Alles mit den übrigen Kräutern, Frühlingszwiebeln und Pinienkernen bestreuen und servieren.

20 MINUTEN

MUHAMMARA-BOWL

ZUTATEN

FÜR DAS MUHAMMARA

4 große rote Paprika

40 g Walnusskerne

1 Scheibe Toastbrot

1 Knoblauchzehe

1–2 EL Zitronensaft

1 EL Granatapfelmelasse (s. S. 9)

½ TL gemahlener Kreuzkümmel

3 EL Olivenöl

¼ TL Chilipulver

Salz – Pfeffer

AUSSERDEM

120 g Couscous

150 g Schafskäse (Feta)

6 Artischockenherzen
  (in Salzlake, aus dem Glas)

1 Minigurke

1 kleines Bund Radieschen

6 große Blätter Lollo-rosso-Salat

2 Stängel Minze

6 große grüne Oliven

1 TL Schwarzkümmelsamen

SO GEHT'S

1 Den Backofen auf 250 °C (Ober-/Unterhitze) vorheizen, ein Blech mit Backpapier auslegen. Für das Muhammara die Paprika längs vierteln, putzen, waschen, mit der Hautseite nach oben auf das Blech legen und im heißen Ofen (oben) 20–25 Minuten rösten, bis die Haut große schwarze Blasen wirft. Herausnehmen, in einer Schüssel übereinanderlegen und mit einem feuchten Tuch abdecken. Lauwarm abkühlen lassen, dann die Haut mit einem Spitzmesser abziehen.

2 Inzwischen in einer Pfanne ohne Fett die Walnusskerne rösten, bis sie leicht bräunen und duften. Herausnehmen und abkühlen lassen. Das Brot goldbraun toasten und abkühlen lassen, etwas zerzupfen und im Blitzhacker grob zerkleinern. Knoblauch schälen und grob hacken. Die Hälfte der Paprikaschoten mit der Hälfte der Walnüsse, dem Knoblauch, dem Toast, 1 EL Zitronensaft, Granatapfelmelasse, Kreuzkümmel, Öl und Chilipulver nicht zu fein pürieren. Mit Salz, Pfeffer und nach Wunsch etwas mehr Zitronensaft würzen.

3 Couscous zubereiten und quellen lassen, wie auf S. 18 beschrieben, nach Wunsch vollständig auskühlen lassen. Schafskäse in mundgerechte Würfel schneiden, Artischockenherzen abtropfen lassen und halbieren oder vierteln. Gurke waschen, putzen, längs halbieren und in dickere Scheiben schneiden. Radieschen waschen, putzen und vierteln oder halbieren. Übrige gegrillte Paprikaschoten längs in dickere Streifen schneiden. Lollo rosso waschen, trocken schütteln, grob zerzupfen. Minze waschen und trocken schütteln, Blättchen abzupfen und grob zerzupfen.

4 Couscous auf zwei Schalen verteilen. Muhammara, Gurke, Radieschen, Lollo rosso, Artischockenherzen, Schafskäse und Oliven darauf anrichten. Die übrigen Walnüsse grob hacken, zusammen mit Minze und Schwarzkümmel darüberstreuen.

❄

🕐 **35 MINUTEN (+ ZEIT ZUM AUSKÜHLEN)**

EARLY-SUMMER-BOWL

ZUTATEN

FÜR DEN SPARGEL

300 g grüner Spargel

½ Bio-Zitrone

2 EL Olivenöl

Salz – Pfeffer

FÜR DIE BOHNENCREME & DAS BOHNENGEMÜSE

400 g grüne TK-Saubohnen

Salz

1 kleine reife Avocado

4 EL Olivenöl

Pfeffer

1–2 Msp. Chilipulver

2 Frühlingszwiebeln

½ Bund Koriandergrün

AUSSERDEM

120 g Reis

4 Radieschen

2 Eier (Größe M)

2–3 EL Dukkah (s. S. 13 und Tipp)

½ Bio-Zitrone

SO GEHT'S

1 Den Ofen auf 225 °C (Ober-/Unterhitze) vorheizen. Spargel waschen, holzige Enden wegschneiden, dicke Stangen unten schälen. In einer passenden Form dicht an dicht nebeneinanderlegen, sodass keine Stangen obendrauf liegen. Zitrone heiß waschen, abtrocknen, Schale über den Spargel fein abreiben. Saft auspressen, 1½ EL beiseitestellen, den Rest über den Spargel träufeln. Mit Olivenöl beträufeln, salzen, pfeffern. Im heißen Ofen (Mitte) 30 Minuten garen, dabei ein- bis zweimal wenden.

2 Inzwischen den Reis garen, wie auf S. 19 beschrieben. Die Radieschen waschen, putzen und in Scheiben schneiden. Eier in 7–8 Minuten hart kochen, abgießen und kalt abschrecken; warm halten.

3 Für die Bohnencreme die tiefgekühlten Bohnen in ausreichend Salzwasser geben und 4 Minuten garen. In ein Sieb abgießen, kalt abbrausen und abtropfen lassen. Die Bohnenkerne aus den Häuten drücken. Die Hälfte der Bohnen beiseitestellen.

4 Die Avocado halbieren und den Kern entfernen; das Fruchtfleisch mit den Bohnen, dem beiseitegestellten Zitronensaft und 2 EL Olivenöl in eine Schüssel geben. Mit dem Pürierstab fein pürieren, mit Salz, Pfeffer und Chilipulver würzen.

5 Frühlingszwiebeln waschen, putzen, den grünen und den weißen Teil separat in Ringe schneiden. Koriandergrün waschen, trocken schütteln, die Blättchen grob hacken. Das übrige Öl in einer Pfanne erhitzen, weiße Frühlingszwiebelringe darin andünsten. Die ganzen Bohnen zugeben und bei mittlerer Hitze kurz heiß werden lassen. Salzen und pfeffern, das Frühlingszwiebelgrün und die Hälfte des Koriandergrüns unterheben.

6 Den Reis auf zwei Schalen verteilen, Bohnencreme daraufgeben. Spargel aus dem Ofen darauf anrichten, ebenso wie Bohnengemüse und Radieschen. Eier halbiert darauflegen, alles mit Koriandergrün und Dukkah bestreuen. Die Zitronenhälfte halbieren und zum Beträufeln mitservieren.

! **TIPP**

Dukkah ist ursprünglich eine ägyptische
Gewürzmischung mit Nüssen und Saaten
(Sesam). Sie wird gern als kleine Vorspeise in
Schälchen zusammen mit einem Schälchen
Olivenöl gereicht. Dazu gibt es Brot und
Rohkost, das beides erst in das Öl und dann
in die Gewürzmischung gedippt wird.

🕐 **35 MINUTEN**

PINK-QUINOA-BOWL

ZUTATEN

FÜR DAS DRESSING

½ Orange

1 Zitrone

2 EL Granatapfelmelasse

1 TL Ras el Hanout

4 EL Olivenöl

Salz – Pfeffer

AUSSERDEM

100 g helle Quinoa (s. Tipp S. 25)

100 g TK-Orient-Bohnen-
mischung (z. B. mit Linsen,
Kichererbsen, Bohnen)

1 große Rote Bete

1 dicke Möhre

2 Frühlingszwiebeln

1 Avocado

1 Handvoll Babymangoldblätter

1 kleines Bund Dill

150 g Schafskäse (Feta)

30 g Pistazienkerne

30 g Walnusskerne

SO GEHT'S

1 Quinoa zubereiten und quellen lassen, wie auf S. 19 beschrieben, dann mindestens lauwarm abkühlen lassen. Die Orient-Bohnenmischung nach Packungsanweisung etwa 10 Minuten in leicht gesalzenem Wasser garen, in ein Sieb abgießen, kalt abbrausen und abtropfen lassen.

2 Währenddessen für das Dressing Orange und Zitrone getrennt auspressen. Den Orangensaft mit 4 EL Zitronensaft, Granatapfelmelasse und Ras el Hanout verrühren. Das Öl kräftig darunterschlagen, salzen und pfeffern.

3 Rote Bete schälen und auf der Rohkostreibe grob raspeln – dazu am besten Gummihandschuhe tragen, da sie färbt. Möhre schälen, putzen und ebenfalls grob raspeln. Frühlingszwiebeln waschen, putzen und mitsamt dem Grün in nicht zu feine Ringe schneiden. Avocado halbieren, Kern und Schale entfernen. Das Fruchtfleisch in Würfel schneiden, diese sofort mit 1 TL Zitronensaft mischen, damit sie nicht braun werden. Babymangold waschen, verlesen und trocken schleudern. Dill waschen, trocken schütteln, Blättchen abzupfen und grob hacken.

4 Den Schafskäse trocken tupfen und grob zerbröckeln. Pistazien und Walnüsse grob hacken und in einer beschichteten Pfanne ohne Fett rösten, bis sie leicht bräunen und duften. Herausnehmen und abkühlen lassen.

5 Quinoa, Bohnenmischung, Rote Bete und Möhre mit dem Dressing vermengen und 5–10 Minuten durchziehen lassen. Anschließend die Hälfte der Frühlingszwiebeln sowie Avocado und Mangoldblätter unterheben, eventuell nochmals mit Salz, Pfeffer und Zitronensaft abschmecken. Auf zwei Schalen verteilen, dann Schafskäse, Dill, die übrigen Frühlingszwiebeln sowie geröstete Pistazien und Walnüsse darüberstreuen.

GOLDEN-AUTUMN-BOWL

ZUTATEN

FÜR DEN KÜRBISCRUNCH

30 g Kürbiskerne – 1 EL Olivenöl

1 EL Ahornsirup (alternativ Honig)

½ TL gemahlener Zimt

3 Msp. Chilipulver

FÜR DEN KÜRBIS

½ kleiner Hokkaido-Kürbis
  (ca. 350 g)

½ Knoblauchzehe – 2 EL Olivenöl

3 Msp. Chilipulver

½ TL gemahlener Kreuzkümmel

Salz – Pfeffer

FÜR DAS DRESSING

½ Knoblauchzehe

3 EL Tahin (s. S. 9)

Saft von 1 Orange

2 EL Zitronensaft – Salz – Pfeffer

AUSSERDEM

100 g bunte Quinoa (s. Tipp S. 25)

200 g Schwarzkohl – Salz

1 TL Zitronensaft

1 Stange Staudensellerie

½ Granatapfel – 2 frische Feigen

5 Artischockenherzen
  (in Salzlake, aus dem Glas)

50 g rote Linsen

SO GEHT'S

1 Quinoa zubereiten und quellen lassen, wie auf S. 19 beschrieben. Den Ofen auf 180 °C (Ober-/Unterhitze) vorheizen, Blech mit Backpapier auslegen. Für den Kürbiscrunch die Kürbiskerne mit Öl, Ahornsirup, Zimt und Chilipulver mischen und auf das Blech geben. Im heißen Ofen (Mitte) 10–12 Minuten knusprig braun rösten. Gegen Ende gut im Auge behalten, damit sie nicht verbrennen. Aus dem Ofen nehmen, auskühlen lassen.

2 Inzwischen den Kürbis waschen und putzen, von Kernen und Fasern befreien, dann samt Schale in etwa 5 mm dicke Scheiben schneiden. Knoblauch schälen, durchpressen und mit Öl, Chili und Kreuzkümmel verrühren. Salzen und pfeffern. Blech mit neuem Backpapier belegen, Kürbisscheiben darauf verteilen und im heißen Ofen (Mitte) in 25–30 Minuten garen.

3 Für das Dressing Knoblauch schälen und fein hacken, mit den übrigen Zutaten und 2–3 EL möglichst (eis-)kaltem Wasser fein pürieren. Schwarzkohl waschen und trocken schütteln, den Strunk entfernen, die Blätter quer in etwa 2 cm breite Streifen schneiden. Mit 1 guten Prise Salz und dem Zitronensaft kräftig kneten, bis er weicher wird; durchziehen lassen. Sellerie waschen und putzen, das Grün grob hacken und beiseitelegen. Sellerie in dünne Scheiben schneiden. Granatapfel aufbrechen, Kerne herauslösen. Feigen waschen und längs sechsteln. Artischockenherzen abtropfen lassen, längs vierteln oder sechsteln.

4 Linsen in einem Sieb gründlich kalt abbrausen. In einem Topf ausreichend Salzwasser Topf erhitzen, die Linsen darin zugedeckt bei mittlerer Hitze in 5–7 Minuten garen – sie sollten noch etwas Biss haben. In einem Sieb abtropfen lassen.

5 Quinoa auf zwei Schalen verteilen. Kohl, Sellerie, Linsen und einen Teil der Granatapfelkerne vermengen, auf die Quinoa geben. Darauf Kürbiscrunch, Kürbisscheiben, Artischockenherzen und Feigen anrichten. Mit Selleriegrün und übrigen Granatapfelkernen bestreuen, mit Dressing beträufeln.

45 MINUTEN

HOT & SWEET POTATO-BOWL

ZUTATEN

FÜR DIE SÜSSKARTOFFELN

2 kleine Bio-Süßkartoffeln
(ca. 450 g)

½ Knoblauchzehe

2 EL Olivenöl

½ TL Harissa (s. S. 10)

½ TL gemahlener Kreuzkümmel

½ TL Pimentón de la vera (s. S. 10)

Salz – Pfeffer

1 EL Zatar (s. S. 12)

FÜR DEN DIP

½ Knoblauchzehe

200 g griechischer Joghurt
(10 % Fett)

Salz – Pfeffer

1 TL Harissa (s. S. 10)

2 EL Olivenöl

AUSSERDEM

120 g bunte Quinoa (s. Tipp S. 25)

1 Dose weiße Bohnen
(ca. 220 g Abtropfgewicht)

1 kleine Fenchelknolle – Salz

1 Bund Rucola – 4 Radieschen

6 schwarze Oliven (ohne Stein)

½ Bund Koriandergrün

2 EL Pistazienkerne

SO GEHT'S

1 Den Backofen auf 220 °C (Ober-/Unterhitze) vorheizen, ein Blech mit Backpapier auslegen. Die Süßkartoffeln gründlich waschen. Jede Kartoffel längs in 6 etwa gleich dicke Spalten schneiden. Knoblauch schälen und in eine Schüssel pressen, Olivenöl dazugeben. Beides mit Harissa, Kreuzkümmel und Pimentón de la vera vermengen. Süßkartoffeln gründlich in der Mischung wälzen, auf dem Blech verteilen, salzen und pfeffern. Im heißen Ofen (Mitte) in 25–30 Minuten garen, dabei einmal wenden.

2 Inzwischen Quinoa zubereiten und quellen lassen, wie auf S. 19 beschrieben. Bohnen in ein Sieb abgießen und kalt abbrausen. Fenchel waschen, putzen, längs halbieren und quer auf einem Gemüsehobel in schmale Scheiben hobeln. Leicht salzen und mit den Händen durchkneten, bis er weicher wird. Rucola waschen, trocken schütteln, grobe Stiele wegschneiden, die Blätter kleiner zupfen. Radieschen waschen, putzen und achteln. Oliven in Ringe schneiden. Koriandergrün waschen, trocken schütteln, Blättchen abzupfen und grob zerschneiden.

3 Für den Dip Knoblauch schälen und zum Joghurt drücken, salzen und pfeffern. Harissa mit dem Öl verrühren.

4 Quinoa auf zwei Schalen verteilen, die Süßkartoffel daraufgeben und mit Zatar bestreuen, daneben Fenchel, Radieschen, Bohnen und Rucola anrichten. Jeweils die Hälfte des Joghurts als dicken Klecks in die Mitte oder an die Seite geben und mit Harissa-Öl überträufeln. Alles mit Koriandergrün, Oliven und Pistazien bestreuen.

40 MINUTEN

THE-BIG-CHAMPION-BOWL

ZUTATEN

FÜR DIE MARINIERTEN PILZE

3 Portobello-Pilze

2 EL Ahornsirup

Saft von ½ Limette

2 TL Pimentón de la vera (s. S. 10)

1 EL Sumach (s. S. 11)

½ Knoblauchzehe

Öl zum Braten

FÜR DEN JOGHURT-DIP

1 Minigurke

200 g griechischer Joghurt (10 % Fett)

½ Knoblauchzehe

½ TL gemahlener Kreuzkümmel

½ TL Sumach (s. S. 11)

½ TL Pul biber (türkische Paprikaflocken; s. S. 10)

¼ TL getrockneter Oregano

Salz – Pfeffer

AUSSERDEM

100 g Bulgur

2 EL Pinienkerne – 3 Tomaten

60 g schwarze Oliven (ohne Stein)

1 Salzzitrone (aus dem Glas; s. S. 14)

1 Bund Koriandergrün

1 Handvoll Babyspinat

1 EL Sumach (s. S. 11)

SO GEHT'S

1 Für die marinierten Pilze die Pilze sauber reiben, den Stiel herausdrehen und entsorgen. Die Hüte in etwa 4 mm dicke Scheiben schneiden. Ahornsirup, Limettensaft, Pimentón de la vera und Sumach verrühren. Knoblauch schälen und dazupressen. Die Pilze darin wälzen und möglichst 1–2 Stunden marinieren.

2 Bulgur zubereiten und quellen lassen, wie auf S. 19 beschrieben. Für den Joghurt-Dip die Gurke waschen, grob raspeln, salzen und 15 Minuten Wasser ziehen lassen. Anschließend gut ausdrücken und mit dem Joghurt verrühren. Knoblauch schälen und dazupressen, die Gewürze und den Oregano unterrühren, mit Salz und Pfeffer würzen.

3 Die Pinienkerne in einer Pfanne ohne Fett rösten, bis sie hell bräunen, dann herausnehmen. Tomaten waschen, halbieren, das weiche Innere entfernen, dann die Tomaten in Würfel schneiden. Oliven klein hacken. Salzzitrone vierteln, das Innere herauskratzen und entsorgen, die Schale fein würfeln. Koriandergrün waschen und trocken schütteln, Blättchen abzupfen und grob hacken. 2–3 EL beiseitelegen, den Rest mit den Oliven und der Salzzitrone vermischen. Spinat waschen, verlesen und trocken schleudern.

4 Die Pilze aus der Marinade nehmen und gut abtropfen lassen. Eine (Grill-)Pfanne richtig heiß werden lassen und dünn mit Öl ausstreichen, die Pilze darin bei starker Hitze braten, bis sie schön gebräunt und gar sind; eventuell portionsweise in die Pfanne geben, damit sie nicht zu viel Wasser ziehen und blass bleiben. Am Ende salzen und pfeffern.

5 Bulgur auf Schalen verteilen. Pilze, Tomaten, Spinat, Oliven-Koriander-Mischung und Joghurt-Dip darauf verteilen. Alles mit beiseitegelegtem Koriandergrün garnieren, mit Pinienkernen und Sumach bestreuen.

HARISSA-LINSEN-BOWL

ZUTATEN

FÜR DAS LINSENMUS

1 Zwiebel – ½ Knoblauchzehe

15 g frischer Ingwer

3 EL Olivenöl zum Braten

1 EL Tomatenmark

1 TL gemahlener Kreuzkümmel

120 g rote Linsen

350 ml Gemüsebrühe

Salz – Pfeffer

1 TL Harissa (s. S. 10)

2–3 Spritzer Zitronensaft

FÜR DAS DRESSING

½ Knoblauchzehe

3 EL Tahin (s. S. 9)

1 EL Granatapfelmelasse (s. S. 9)

Salz – Pfeffer

AUSSERDEM

100 g Freekeh (alternativ
   Grünkern oder Bulgur)

2 EL Sesam

100 g zarte Grünkohlblätter

Salz – 1 TL Zitronensaft

2 Stangen Staudensellerie

1 dicke Möhre – 2 Eier (Größe M)

SO GEHT'S

1 Freekeh zubereiten und quellen lassen, wie auf S. 19 beschrieben. Für das Linsenmus die Zwiebel schälen und klein würfeln, Knoblauch und Ingwer schälen, beides fein hacken. Olivenöl in einem Topf erhitzen, darin die Zwiebel goldgelb andünsten. Knoblauch und Ingwer zugeben und kurz mitdünsten, dann Tomatenmark unterrühren und kurz mitrösten. Kreuzkümmel und Linsen zugeben, kurz mitrösten, dann mit der Brühe ablöschen.

2 Alles zugedeckt bei mittlerer Hitze 20–25 Minuten garen, bis die Linsen leicht breiig sind. Mit Salz und Pfeffer würzen. Linsen in ein Sieb abgießen und die Garflüssigkeit auffangen. Linsen leicht anpürieren, dabei etwas Garflüssigkeit zugeben. Mit Harissa, Zitronensaft und eventuell nochmals Salz und Pfeffer abschmecken, etwas abkühlen lassen.

3 Inzwischen Sesam in einer Pfanne ohne Fett rösten, herausnehmen und abkühlen lassen. Grünkohl waschen, trocken schütteln, die Blättchen von den Stängeln abzupfen und mundgerecht zerzupfen. Mit 1 guten Prise Salz und Zitronensaft mischen und mit den Händen kneten, bis sie weicher werden. Sellerie waschen, putzen und in Scheiben schneiden, das Grün grob hacken. Möhre schälen, putzen und in dünne Streifen (Julienne) hobeln. Die Eier in 5–6 Minuten kochen, herausnehmen und kalt abschrecken.

4 Für das Dressing den Knoblauch schälen. Tahin mit der Granatapfelmelasse und 4–5 EL möglichst (eis-)kaltem Wasser zu einem dickflüssigen Dressing verrühren. Knoblauch dazupressen und mit Salz und Pfeffer würzen.

5 Linsencreme auf zwei flachen Schalen ausstreichen. Quinoa daraufgeben, Grünkohl, Sellerie und Möhre obenauf verteilen. Eier halbieren und darauflegen, alles mit Dressing beträufeln und mit Sesam bestreuen.

35 MINUTEN

FLAMING-WINTER-BOWL

ZUTATEN

FÜR DAS TOPPING
40 g Cashewkerne

20 g Mandeln – 20 g Sesam

1 EL Sojasauce

1 TL Olivenöl – 1 EL Honig

2 EL Dukkah (s. S. 13 und S. 31)

FÜR DAS DRESSING
1 Orange

1 TL körniger Senf

1 TL Honig

½ TL gemahlener Koriander

3 EL Olivenöl

Salz – Pfeffer

AUSSERDEM
100 g bunte Quinoa (s. Tipp S. 25)

3 kleine Knollen Bete: je 1 Gelbe,
    Rote und Ringelbete

2 EL Weißweinessig

1 EL Zucker – Salz

50 g Rosenkohl

1 Blutorange – 1 rosa Grapefruit

1 Handvoll Feldsalat

1 dünne Ziegenrolle (200 g)

1 Bund Dill

SO GEHT'S

1 Quinoa zubereiten, wie auf S. 19 beschrieben, und quellen lassen. Die drei Bete-Knollen schälen, putzen und auf der Rohkostreibe in dünne Scheiben hobeln (dazu Gummihandschuhe tragen – sie färben). Essig, Zucker und ¼ TL Salz verrühren, gründlich mit den Beten mischen und durchziehen lassen.

2 Währenddessen den Rosenkohl waschen, unschöne Blätter entfernen, dann, von oben beginnend, quer in dünne Scheiben schneiden; den Strunk entsorgen. Von Orange und Grapefruit die Schale samt weißer Haut mit einem Messer wegschneiden, die einzelnen Fruchtfilets aus den Häuten herausschneiden, dabei den Saft auffangen. Feldsalat waschen, putzen, trocken schütteln und kleiner zupfen. Den Ziegenkäse in dünne Scheiben schneiden (wer nur eine dicke Ziegenrolle bekommt, kann die Scheiben vierteln). Dill waschen und trocken schütteln, Blättchen abzupfen und grob hacken.

3 Für das Topping Cashewkerne und Mandeln grob hacken und mit Sesam mischen. In einer kleinen beschichteten Pfanne ohne Fett rösten, bis sie leicht bräunen und duften. Vom Herd nehmen und zügig Sojasauce, Öl, Honig und Dukkah unterrühren, dann nochmals erhitzen, bis der Honig kräftig blubbernd Blasen wirft und sich alles klebrig verbindet. Nochmals vom Herd nehmen und abkühlen lassen, dann mit einem Löffel zerteilen.

4 Für das Dressing die Orange auspressen. Den Saft mit dem aufgefangenen Grapefruit- und Blutorangensaft sowie Senf, Honig und Koriander verrühren. Das Öl kräftig unterschlagen; mit Salz und Pfeffer würzen.

5 Quinoa auf zwei Schalen verteilen. Die Beten abtropfen lassen, dann mit Rosenkohl, Grapefruit- und Orangenfilets, Feldsalat und dem Dressing vermengen und auf der Quinoa verteilen. Ziegenkäse darauf anrichten, alles mit Dill und dem Nuss-Topping bestreuen.

35 MINUTEN

BEACH-PEACH-BOWL

ZUTATEN

FÜR DAS KORIANDER-
PESTO

50 g Haselnussblättchen

20 g frischer Ingwer

1 Knoblauchzehe

30 g Koriandergrün

10 g Petersilie

80 ml Olivenöl

⅓ TL gemahlener Kreuzkümmel

⅓ TL gemahlener Koriander

2 Msp. Chilipulver

Salz – Pfeffer

AUSSERDEM

125 g Couscous

150 g Schafskäse (Feta)

150 g Kirschtomaten

2 kleine Zucchini (möglichst
   je 1 grüne und gelbe)

3 EL Olivenöl zum Braten

Salz – Pfeffer

2 reife, feste Pfirsiche

SO GEHT'S

1 Für das Korianderpesto die Haselnussblättchen in einer beschichteten Pfanne ohne Fett anrösten, bis sie duften und
leicht bräunen, dann abkühlen lassen. Ingwer und Knoblauch
schälen und grob hacken. Koriandergrün und Petersilie waschen,
gut trocken schütteln und mitsamt den Stängeln grob zerschneiden. 2–3 EL der Kräuter beiseitelegen, den Rest mit der
Hälfte der Haselnüsse sowie Ingwer, Knoblauch und Öl nicht
zu fein pürieren. Das Pesto mit Kreuzkümmel, Koriander, Chili,
Salz und Pfeffer pikant abschmecken.

2 Couscous zubereiten und quellen lassen, wie auf S. 18 beschrieben. Schafskäse trocken tupfen und mit einer Gabel
grob zerbröckeln. Tomaten waschen und halbieren, dabei
den Stielansatz entfernen.

3 Zucchini waschen, putzen und schräg in knapp 1 cm breite
Scheiben schneiden. Mit 2 EL Öl mischen, salzen und pfeffern.
Pfirsiche waschen und in etwa 5 mm dicken Spalten vom Kern
schneiden, mit dem übrigen Öl mischen. Eine Grillpfanne stark
erhitzen und die Pfirsiche darin beidseitig jeweils 1–2 Minuten
braten. Herausnehmen und mit Pfeffer würzen. Die Pfanne
sauber wischen, dann die Zucchini (eventuell portionsweise)
darin beidseitig in jeweils 2–3 Minuten leicht braun braten –
sie sollten noch etwas Biss haben.

4 Couscous auf zwei Schalen verteilen, gebratene Zucchini,
Tomaten und Pfirsiche darauf anrichten. Pesto in Klecksen
dazwischensetzen, alles mit Schafskäse sowie den beiseitegelegten Kräutern und den Haselnussblättchen bestreuen.

SABICH-SMASH-BOWL

ZUTATEN

FÜR DEN SALAT

3 Tomaten – 1 Minigurke

1 kleine rote Zwiebel

6 Stängel Petersilie

2 TL Zitronensaft

1 EL Olivenöl

Salz – Pfeffer

FÜR DEN HUMMUS

1 Glas Kichererbsen
(ca. 240 g Abtropfgewicht)

½ Knoblauchzehe

2½ EL Tahin (s. S. 9)

3–4 EL Zitronensaft

2 EL Olivenöl

½ TL gemahlener Kreuzkümmel

Salz – Pfeffer

AUSSERDEM

1 große Aubergine – Salz

2 Eier – ½ Knoblauchzehe

Olivenöl zum Braten

Zhoug (s. S. 12)

2 EL gehacktes Koriandergrün

Geröstete Pita-Ecken (s. S. 21)

SO GEHT'S

1 Die Aubergine waschen, putzen und in etwa 2 cm große Würfel schneiden. In ein Sieb legen, salzen und 15 Minuten Wasser ziehen lassen. Währenddessen die Eier in 8 Minuten hart kochen, kalt abschrecken und abkühlen lassen. Pellen und längs achteln.

2 Inzwischen für den Salat die Tomaten waschen und in 1 cm große Würfel schneiden. Die Gurke schälen und ebenfalls in etwa 1 cm große Würfel schneiden. Die Zwiebel schälen und grob würfeln. Die Petersilie waschen, trocken schütteln und grob zerschneiden, mit Zitronensaft und Olivenöl mischen, salzen und pfeffern.

3 Für den Hummus die Kichererbsen in ein Sieb abgießen, dabei das Einlegewasser auffangen. Knoblauch schälen und grob würfeln, mit Kichererbsen, Tahin, 3 EL Zitronensaft, Öl und dem Kreuzkümmel fein pürieren; dabei so viel vom Einweichwasser zugeben, bis eine cremige Masse entsteht. Mit Salz, Pfeffer und eventuell nochmals Zitronensaft abschmecken.

4 Die Auberginenstücke kalt abbrausen und trocken tupfen. Den Knoblauch schälen und fein würfeln. Öl in einer beschichteten Pfanne erhitzen, die Auberginen darin bei mittlerer Hitze in 6–8 Minuten braten, bis sie weich und gebräunt sind. Gegen Garzeitende den Knoblauch zugeben und kurz mitbraten, salzen und pfeffern.

5 Hummus auf zwei flachen Tellern ausstreichen. Salat, Auberginen und Eier darauf verteilen. Mit Zhoug beträufeln und mit Koriandergrün bestreuen. Pita-Ecken dazureichen oder an den Seiten einstecken.

🕐 30 MINUTEN
(+ ZUBEREITUNGSZEIT ZHOUG & PITA-ECKEN)

KLASSISCHE FALAFELN

 Für ca. 20 Stück

ZUTATEN

200 g getrocknete Kichererbsen

1 kleine Zwiebel

1 ½ Knoblauchzehen

½ Bund Koriandergrün

⅓ Bund Petersilie

1 TL Zitronensaft

1 TL Backpulver

2–3 EL Weizenmehl

⅓ TL getrocknete Minze

1 TL gemahlener Kreuzkümmel

¼ TL Chilipulver

Salz – Pfeffer

Öl zum Frittieren

SO GEHT'S

1 Kichererbsen über Nacht in reichlich kaltem Wasser einweichen (sie quellen stark auf). Am nächsten Tag in ein Sieb abgießen, kalt abbrausen und abtropfen lassen. Zwiebel und Knoblauch schälen und grob würfeln. Kräuter waschen, trocken schütteln und mitsamt den Stängeln zerschneiden. Alles mit Zitronensaft portionsweise im Mixer zerkleinern; es sollte eine leicht krümelige, nicht zu feine Masse entstehen, die sich gerade verbindet, wenn man sie mit den Fingern zusammendrückt.

2 Backpulver, Mehl, Minze und Gewürze mischen und mit 2–3 EL Wasser unter die Kichererbsenmischung mengen, sodass eine gut zusammenhaftende, nicht zu feuchte Masse entsteht. Salzen, pfeffern und 1 Stunde im Kühlschrank durchziehen lassen.

3 Aus der Kichererbsenmasse mit angefeuchteten Händen walnussgroße feste Bällchen formen und etwas flach drücken. In einem Topf oder einer Fritteuse Öl erhitzen – es ist heiß genug, wenn an einem hölzernen Kochlöffelstiel, den man hineinhält, sprudelnd Bläschen aufsteigen. Falafeln portionsweise im heißen Fett in 4–5 Minuten knusprig braun frittieren. Herausheben und auf Küchenpapier abtropfen lassen.

 TIPP

Es lohnt sich, gleich mehr Falafeln zuzubereiten und die frittierten, ausgekühlten Kichererbsenbällchen, die übrig bleiben, einzufrieren. Bei Bedarf dann einfach auftauen und im Ofen bei 180 °C (Ober-/Unterhitze) aufbacken.

ROTE-BETE-OFENFALAFELN

 Für ca. 10 Stück

ZUTATEN

1 Rote Bete (ca. 200 g)

1 Knoblauchzehe

2 Zweige Thymian

30 g Walnusskerne

2 EL Sesam

1 Glas Kichererbsen
   (ca. 240 g Abtropfgewicht)

2–3 EL Mehl

¼ TL getrockneter Oregano

1 TL gemahlener Kreuzkümmel

⅓ TL gemahlener Koriander

½ TL Sumach (s. S. 11)

Salz – Pfeffer

Olivenöl zum Bepinseln

SO GEHT'S

1 Rote Bete waschen, schälen und auf der Rohkostreibe oder in der Küchenmaschine fein raspeln (dazu Gummihandschuhe tragen – Rote Bete färbt). Knoblauch schälen und grob hacken. Thymian waschen und trocken schütteln, Blättchen abzupfen und grob hacken. Beides mit den Walnüssen und dem Sesam im Blitzhacker oder in der Küchenmaschine nicht zu fein, sondern eher gröber mahlen. Kichererbsen in ein Sieb abgießen, kalt abbrausen und abtropfen lassen.

2 Kichererbsen mit der Hälfte der Rote-Bete-Raspel in der Küchenmaschine nicht zu fein pürieren. Anschließend mit den übrigen Bete-Raspeln, Mehl, Oregano, Kreuzkümmel, Koriander und Sumach vermengen, kräftig mit Salz und Pfeffer würzen. Den Teig abgedeckt 30 Minuten kühl stellen.

3 Den Backofen auf 200 °C (Ober-/Unterhitze) vorheizen (s. Tipp), ein Blech mit Backpapier auslegen. Aus der Teigmasse mit angefeuchteten Händen 10 Bällchen formen und diese etwas flach drücken, rundum mit Öl bestreichen und auf das Blech legen. Im heißen Ofen (Mitte) die Falafeln in 40–50 Minuten backen; nach der Hälfte der Zeit wenden.

 TIPP

Verwenden Sie für dieses Rezept unbedingt Ober-/Unterhitze. Umluft ist nicht empfehlenswert, weil dabei die Falafeln leicht austrocknen. Auch hier können Sie übrige Falafeln einfrieren.

FALAFEL-CRASH-BOWL

ZUTATEN

FÜR DIE KICHERERBSEN

1 Glas Kichererbsen
 (ca. 240 g Abtropfgewicht)

½ Bund Petersilie

8 Stängel Koriandergrün

¾ TL gemahlener Kreuzkümmel

¾ TL gemahlener Koriander

3–4 Msp. Chiliflocken

Saft von ½ Zitrone

1½ EL Olivenöl – Salz – Pfeffer

FÜR DIE JOGHURT-TAHIN-SAUCE

1 Knoblauchzehe

2½ EL Tahin (s. S. 9)

4 EL griechischer Joghurt
 (10 % Fett)

Saft von ½ Zitrone

Salz – Pfeffer – Zucker

AUSSERDEM

120 g Couscous

150 g gegarte Rote Bete
 (vakuumverpackt)

1 EL Rotweinessig

1 EL Granatapfelmelasse (s. S. 9)

Salz – Pfeffer – 1 Bund Rucola

1 kleine rote Zwiebel

5 Radieschen

SO GEHT'S

1 Die Kichererbsen in ein Sieb abgießen und kalt abbrausen, in einer Schüssel grob mit einer Gabel zerdrücken oder in einer Küchenmaschine lediglich grob zerhacken. Die Kräuter waschen, trocken schütteln, Blättchen abzupfen und hacken. Die Hälfte davon mit den Gewürzen, Zitronensaft und Olivenöl unter die Kichererbsenmasse mischen. Salzen, pfeffern und kurz ziehen lassen.

2 Inzwischen für die Joghurt-Tahin-Sauce den Knoblauch schälen und grob hacken, mit Tahin, Joghurt und Zitronensaft in eine Schüssel geben und alles mit dem Pürierstab fein pürieren. Nach und nach möglichst (eis-)kaltes Wasser zugießen und weiter pürieren, bis die gewünschte Konsistenz erreicht ist. Mit Salz, Pfeffer und 1–2 Prisen Zucker abschmecken.

3 Couscous zubereiten und quellen lassen, wie auf S. 18 beschrieben. Rote Bete gut abtropfen lassen, dann auf einer Rohkostreibe grob raspeln. Mit Essig und Granatapfelmelasse mischen, salzen und pfeffern. Rucola waschen, verlesen und trocken schleudern, grobe Stiele entfernen und die Blättchen klein zerzupfen. Zwiebel schälen und in schmale Spalten schneiden. Radieschen waschen, putzen und in dünne Scheiben oder Stifte schneiden.

4 Den Couscous auf zwei Schalen verteilen, die Kichererbsenmischung daraufgeben und mit der Hälfte der Joghurt-Tahin-Sauce übergießen. Darauf Rucola, Rote Bete, Radieschen und Zwiebeln verteilen. Mit übriger Sauce beträufeln und mit den übrigen gehackten Kräutern bestreuen.

OLD-FASHIONED-FALAFEL-BOWL

ZUTATEN

FÜR DIE TAHIN-KRÄUTER-SAUCE

1 Knoblauchzehe

10 g Petersilie

5 g Koriandergrün

5 EL Tahin (s. S. 9)

5–6 EL Zitronensaft

Salz – Pfeffer

AUSSERDEM

100 g Bulgur

100 g Rotkohl **(alternativ Rotkohl-Pickles s. S. 16)**

Salz – 2 Tomaten

1 Minigurke

1 kleine Avocado

1 TL Zitronensaft

1 Frühlingszwiebel

½ Bund Koriandergrün

6–8 Falafeln (s. S. 48)

SO GEHT'S

1 Bulgur zubereiten und quellen lassen, wie auf S. 19 beschrieben. Für die Tahin-Kräuter-Sauce Knoblauch schälen und fein hacken. Kräuter waschen, trocken schütteln, Blättchen abzupfen und grob zerschneiden. Mit Knoblauch, Tahin, 5 EL Zitronensaft, 5 EL (eis-)kaltem Wasser und ¼ TL Salz cremig fein pürieren. Mit Salz, Pfeffer und Zitronensaft abschmecken. Je nach gewünschter Konsistenz noch etwas Wasser untermixen.

2 Rotkohl waschen, putzen und den Strunk herausschneiden, dann den Kohl auf der Rohkostreibe oder mit dem Messer fein hobeln oder in dünne Streifen schneiden. Mit 1 guten Prise Salz mischen und kräftig durchkneten, bis er weich wird. Durchziehen lassen.

3 Tomaten waschen und klein würfeln, dabei den Stielansatz entfernen. Gurke waschen, putzen, längs vierteln und die Viertel quer in kleine Stücke schneiden. Avocado halbieren, Kern und Schale entfernen, das Fruchtfleisch klein würfeln und sofort mit Zitronensaft vermengen, damit es nicht braun wird. Frühlingszwiebel waschen, putzen und mit dem Grün in feine Ringe schneiden. Tomaten, Gurke und Avocado mischen, leicht salzen und pfeffern. Koriandergrün waschen, trocken schütteln, Blättchen abzupfen und grob hacken.

4 Bulgur auf zwei Schalen verteilen. Tomaten-Gurken-Avocado-Mischung, Rotkohl und die Falafeln separat darauf verteilen. Alles mit der Tahin-Kräuter-Sauce beträufeln und mit Frühlingszwiebeln und Koriandergrün bestreuen.

35 MINUTEN (+ ZUBEREITUNGSZEIT FALAFELN)

LINSEN-HUMMUS-BOWL

ZUTATEN

FÜR DEN SÜSSKARTOFFEL-HUMMUS

2 Süßkartoffeln (ca. 450 g)

2 Knoblauchzehen

1 TL gemahlener Kreuzkümmel

3½ EL Olivenöl

2 EL Granatapfelmelasse (s. S. 9)

3 EL Tahin (s. S. 9)

Salz – Pfeffer

½ Zitrone (nach Belieben)

FÜR DEN BLUMENKOHL

400 g Blumenkohl

1 TL Baharat (s. S. 13)

1½ EL Olivenöl

Salz – Pfeffer

AUSSERDEM

100 g Beluga- oder Le-Puy-Linsen

30 g Rauchmandeln (Fertigprodukt)

1 Handvoll Babymangoldblätter

½ Bund Koriandergrün

2–3 EL eingelegte Zwiebeln (s. S. 16)

½ Zitrone

SO GEHT'S

1 Backofen auf 220 °C (Ober-/Unterhitze) vorheizen, ein Blech mit Backpapier auslegen. Für den Süßkartoffel-Hummus die Süßkartoffeln schälen, putzen und in etwa 1,5 cm große Würfel schneiden. Knoblauch schälen und in Scheiben schneiden. Beides mit ½ TL Kreuzkümmel und 2 EL Öl vermengen. Auf einer Hälfte des Backblechs verteilen.

2 Den Blumenkohl waschen, putzen und in mundgerechte Röschen zerteilen. Baharat mit 1½ EL Öl verrühren, salzen und pfeffern. Gründlich mit dem Blumenkohl vermengen und auf der anderen Hälfte des Blechs verteilen. Im heißen Ofen 25–30 Minuten garen, dabei beide Mischungen getrennt einmal durchrühren – die Süßkartoffeln sollten am Ende weich, der Blumenkohl gerade gegart sein.

3 Inzwischen in einem Topf 400 ml Wasser aufkochen. Die Linsen zugeben und bei mittlerer Hitze in 20–25 Minuten garen – sie sollten noch leicht Biss haben und nicht zerfallen. Anschließend in ein Sieb abgießen und kalt abbrausen. Rauchmandeln grob hacken. Babymangold waschen, verlesen und trocken schleudern. Koriandergrün waschen und trocken schütteln, die Blättchen abzupfen und grob hacken. Eingelegte Zwiebeln abtropfen lassen. Die Zitronenhälfte halbieren.

4 Die Süßkartoffelwürfel vom Blech nehmen und leicht abkühlen lassen. Den Blumenkohl eventuell im ausgeschalteten Ofen bei spaltbreit geöffneter Tür warm halten. Die Süßkartoffeln dann samt Knoblauch, übrigem Kreuzkümmel, übrigem Olivenöl, Granatapfelmelasse und Tahin pürieren. Mit Salz, Pfeffer und eventuell 1 Spritzer Zitronensaft abschmecken.

5 Lauwarmen Süßkartoffel-Hummus auf zwei flache Schalen verteilen. Linsen, Babymangold, Blumenkohl und eingelegte Zwiebeln darauf verteilen. Mit Koriandergrün und gehackten Mandeln bestreuen, Zitronenviertel zum Beträufeln dazuservieren.

40 MINUTEN

GRÜNE MITTELMEER-BOWL

ZUTATEN

FÜR DAS OFENGEMÜSE

100 g grüner Spargel

1 kleiner Brokkoli (ca. 300 g)

1 kleine Zucchini

3 Frühlingszwiebeln

1 Knoblauchzehe

3 Zweige Zitronenthymian
(alternativ Thymian)

2 EL Arak (s. S. 14; alternativ Ouzo,
Raki oder Pastis)

4 EL Olivenöl – 1 Bio-Zitrone

Salz – Pfeffer

FÜR DIE ARTISCHOCKEN-CREME

1 Glas Artischocken in Salzlake
(ca. 180 g Abtropfgewicht)

100 g Schafskäse (Feta)

1 Knoblauchzehe

¼ Bund Petersilie

3 Stängel Dill – 3 EL Olivenöl

1–2 TL Zitronensaft – Salz – Pfeffer

AUSSERDEM

100 g Bulgur

1 Handvoll Babyspinat

100 g Schafskäse (Feta)

¾ Bund Petersilie – 3 Stängel Dill

10 grüne und schwarze Oliven

1 TL Schwarzkümmel

SO GEHT'S

1 Bulgur zubereiten und quellen lassen, wie auf S. 19 beschrieben. Backofen auf 220 °C (Ober-/Unterhitze) vorheizen, Blech mit Backpapier auslegen.

2 Den Spargel waschen, holzige Enden wegschneiden, dicke Stangen unten schälen. Brokkoli waschen, putzen, in Röschen teilen. Zucchini waschen, längs sechsteln und in 4–5 cm lange Stücke schneiden. Frühlingszwiebeln waschen und putzen, den weißen Teil in 4–5 cm lange Stücke schneiden, den grünen beiseitelegen. Knoblauch schälen und durchpressen, Thymian waschen und trocken schütteln, Blättchen abzupfen und fein hacken. Weiße Frühlingszwiebelstücke mit Thymian, Arak und Öl mischen. Zitrone heiß waschen, abtrocknen und halbieren; von einer Hälfte die Schale abreiben und den Saft auspressen. ½ TL Schale und 3 EL Saft unter das Öl schlagen.

3 Spargel, übriges Gemüse und weiße Frühlingszwiebelstücke gut mit dem Öl mischen, salzen, pfeffern. Auf dem Backblech verteilen; Spargelstangen separat legen. Im heißen Ofen (Mitte) 20–25 Minuten garen, zwischendurch einmal durchrühren.

4 Für die Artischockencreme die Artischocken in einem Sieb abtropfen lassen. Schafskäse grob zerbröckeln. Knoblauch schälen und grob hacken. Die Kräuter waschen, trocken tupfen, Blättchen und Spitzen abzupfen und grob zerschneiden. Alles mit Olivenöl und 1 TL Zitronensaft mehr oder weniger fein pürieren. Mit Salz, Pfeffer sowie nochmals Zitronensaft abschmecken.

5 Spinat waschen, verlesen und trocken schleudern. Schafskäse grob zerbröckeln. Petersilie und Dill waschen, trocken tupfen, Blättchen und Spitzen abzupfen und grob zerschneiden. Frühlingszwiebelgrün in Ringe schneiden.

6 Bulgur und Artischockencreme nebeneinander auf zwei Schalen verteilen, Gemüse, Spinat und Oliven auf der Creme anrichten. Mit Schafskäse, Kräutern, Frühlingszwiebelgrün und Schwarzkümmel bestreuen. 2 Zitronenviertel dazuservieren.

ZUCCHINI-LABNEH-BOWL

ZUTATEN

FÜR DIE OFENZUCCHINI

3 gelbe und grüne Zucchini

1 Knoblauchzehe

3 EL Olivenöl

¼ TL getrocknete Minze

¼ TL getrockneter Oregano

3 Msp. Chiliflocken

Salz – Pfeffer

AUSSERDEM

100 g Perl-Couscous (s. S. 18,
    alternativ 120 g Couscous)

120 g Kirschtomaten

1 rote Paprika

5 schwarze Oliven (ohne Stein)

½ Bund Petersilie

3 Stängel Dill

2 Stängel Minze

100 g TK-Orient-Bohnen-
    mischung (z. B. mit Linsen,
    Kichererbsen, Bohnen)

Cremiger Labneh (s. S. 20)

2 EL Dukkah (s. S. 13 und S. 31)

SO GEHT'S

1 Den Backofen auf 200 °C (Ober-/Unterhitze) vorheizen. Für die Ofenzucchini die Zucchini waschen, putzen, längs halbieren und die Hälften quer in 4 cm lange Stücke schneiden. Knoblauch schälen und in eine ofenfeste Form pressen, Olivenöl zugeben. Minze und Oregano zwischen den Fingern zerbröseln und mit Chiliflocken, Knoblauch und Öl verrühren. Würzöl auf die Schnittflächen der Zucchini streichen, diese mit den Schnittflächen nach oben in die ofenfeste Form setzen. Kräftig salzen und pfeffern und im heißen Ofen (Mitte) in etwa 20 Minuten garen, bis sie weich sind. Backofengrill zuschalten und die Zucchini 3–5 Minuten grillen. Herausnehmen, in ein feines Sieb geben und über einer Schüssel zugedeckt 20 Minuten abtropfen lassen; das Bratöl in der Form aufbewahren.

2 Währenddessen den Perl-Couscous zubereiten, wie auf S. 18 beschrieben. Die Tomaten waschen und halbieren. Die Paprika halbieren, putzen, waschen und in etwa 1,5 cm große Würfel schneiden. Die Oliven in Ringe schneiden. Die Kräuter waschen und trocken schütteln, Blättchen bzw. Spitzen abzupfen und grob zerschneiden. Orient-Bohnenmischung nach Packungsanweisung etwa 10 Minuten in leicht gesalzenem Wasser garen, in ein Sieb abgießen und abtropfen lassen.

3 Labneh auf zwei flachen Schalen ausstreichen, Zucchini-Öl aus der Form darüberträufeln. Die Hälfte der Kräuter mit Couscous und Bohnenmischung vermengen und auf dem Labneh verteilen. Tomaten, Paprika und Zucchini darauf anrichten. Alles mit übrigen Kräutern und Dukkah bestreuen.

45 MINUTEN

COSY-COMFORT-BOWL

ZUTATEN

FÜR DEN KÜRBIS-HUMMUS

400 g Hokkaido-Kürbis

1 Knoblauchzehe

2 EL Olivenöl

1 TL Baharat (s. S. 13)

1½ EL Tahin (s. S. 9)

2–3 Spritzer Zitronensaft

Salz – Pfeffer

FÜR DEN ROSENKOHL

300 g Rosenkohl

2 kleine rote Zwiebeln

1 Zweig Thymian

1 EL Olivenöl

1 EL Granatapfelmelasse (s. S. 9)

1 TL Honig

Salz – Pfeffer

AUSSERDEM

100 g Bulgur

1½ EL getrocknete Sauerkirschen

4 große Blätter Radicchio

1 Glas Kichererbsen
(ca. 250 g Abtropfgewicht)

100 g griechischer Joghurt
(10 % Fett)

2 EL Granatapfelmelasse (s. S. 9)

1 EL Zatar (s. S. 12)

SO GEHT'S

1 Den Backofen auf 220 °C (Ober-/Unterhitze) vorheizen, ein Blech mit Backpapier auslegen. Für den Kürbis-Hummus Kürbis schälen, putzen, das Fruchtfleisch in etwa 2 x 3 cm große Stücke schneiden. Knoblauch schälen und quer in Scheiben schneiden. Mit dem Kürbis, Öl und Baharat mischen, salzen und pfeffern. Auf einer Hälfte des Backblechs verteilen. Im heißen Ofen (Mitte) 15 Minuten garen.

2 Währenddessen Bulgur zubereiten und quellen lassen, wie auf S. 19 beschrieben. Rosenkohl waschen, äußere unschöne Blätter entfernen, die Köpfe längs halbieren. Zwiebeln schälen, längs halbieren und in 1 cm dicke Spalten schneiden. Thymian waschen und trocken schütteln, die Blättchen abzupfen und gründlich mit Öl, Granatapfelmelasse und Honig verrühren. Mit dem Rosenkohl mischen, salzen und pfeffern.

3 Das Blech aus dem Ofen nehmen und den Rosenkohl darauf neben dem Kürbis verteilen. Im heißen Ofen weitere 15 Minuten garen, dann das Blech erneut aus dem Ofen nehmen und den Kürbis vom Blech nehmen. Rosenkohl weitere 15 Minuten im Ofen garen, leicht abkühlen lassen.

4 Inzwischen die Sauerkirschen etwas kleiner hacken. Radicchioblätter waschen und trocken schütteln, übereinanderlegen und längs in ganz feine Streifen schneiden. Kichererbsen in ein Sieb abgießen und kalt abbrausen, abtropfen lassen. Joghurt mit 2 EL Wasser verrühren.

5 Kürbis samt Knoblauch mit Tahin fein pürieren. Mit Zitronensaft, Salz und Pfeffer abschmecken.

6 Bulgur auf zwei Schalen verteilen, jeweils einen großen Klecks Kürbis-Hummus daraufsetzen und etwas verstreichen. Den Radicchio, den Rosenkohl und die Kichererbsen darauf anrichten. Alles mit Joghurt und Granatapfelmelasse beträufeln, dann mit Sauerkirschen und Zatar bestreuen.

PRETTY-IN-PINK-BOWL

ZUTATEN

FÜR DIE ROTE-BETE-CREME

2 vorgegarte Rote Bete
  (ca. 200 g, vakuumverpackt)

½ Knoblauchzehe

2 EL Olivenöl

150 g griechischer Joghurt
  (10 % Fett)

1–2 EL Zitronensaft

⅓ TL gemahlener Kreuzkümmel

Salz – Pfeffer

AUSSERDEM

100 g Perl-Couscous (s. S. 18,
  alternativ 120 g Couscous)

1 kleine rote Zwiebel

4 EL Zitronensaft – Salz

1 kleine Avocado

1 Minigurke

6 Stängel Minze

2 Stängel Dill

2 Eier (Größe M)

2 EL Weißweinessig

2 EL Dukkah (s. S. 13 und S. 31)

Chiliflocken zum Bestreuen
  (nach Belieben)

SO GEHT'S

1 Den Perl-Couscous zubereiten, wie auf S. 18 beschrieben, in ein Sieb abgießen und abtropfen lassen. Währenddessen Zwiebel schälen, längs halbieren und die Hälften quer in feine Ringe schneiden. Mit 3 EL Zitronensaft und 1 guten Prise Salz mischen, mit den Händen verkneten und ziehen lassen.

2 Für die Rote-Bete-Creme die Rote Bete in Stücke schneiden. Knoblauch schälen und dazupressen. Mit Öl, 1–2 EL Joghurt, 1 EL Zitronensaft und Kreuzkümmel fein pürieren, dann den übrigen Joghurt unterrühren und mit Salz und Pfeffer würzen; eventuell nochmals mit Zitronensaft abschmecken.

3 Die Avocado halbieren, Kern und Schale entfernen. Das Fruchtfleisch längs in dünne Spalten schneiden und sofort mit 1 EL Zitronensaft beträufeln, damit es nicht braun wird. Gurke waschen, längs halbieren und die Hälften quer in dünne Scheiben schneiden. Kräuter waschen und trocken schütteln, die Blättchen bzw. Spitzen abzupfen und grob zerschneiden.

4 Für die Eier in einem Topf reichlich Wasser (etwa 1,2 l) mit gut 1 TL Salz und Essig aufkochen. Sobald das Wasser kocht, die Hitze reduzieren und jeweils 1 Ei vorsichtig in eine Tasse aufschlagen. Mit einem Kochlöffelstiel einen Strudel ins siedende Wasser rühren und das Ei aus der Tasse in diesen Strudel gleiten lassen. Mithilfe eines Löffels das Eiweiß um das Eigelb ziehen und beide Eier in etwa 4 Minuten im siedenden Wasser garen. Mit einer Siebkelle herausheben.

5 Die Rote-Bete-Creme und den Perl-Couscous auf zwei flache Schalen verteilen. Darauf Avocado, Gurke, Zwiebel und jeweils 1 Ei anrichten. Mit den Kräutern und Dukkah bestreuen. Wer Schärfe liebt, streut noch ein paar Chiliflocken darüber.

SHALOM-SHARON-BOWL

ZUTATEN

FÜR DIE KICHERERBSEN

1 Glas Kichererbsen
(ca. 240 g Abtropfgewicht)

1 Knoblauchzehe

2 EL Olivenöl

1 TL gemahlener Kreuzkümmel

½ TL gemahlener Koriander

3–4 Msp. Chilipulver – Salz

FÜR DEN GRÜNKOHL

350 g zarte Grünkohlblätter

2 EL Zitronensaft
(nach Belieben mehr)

½ TL gemahlener Kreuzkümmel

3 EL Olivenöl

Salz – Pfeffer

AUSSERDEM

2 kleine Sharonfrüchte (Kaki)

1 Möhre

120 g Couscous

Kerne von ½ Granatapfel

6–8 Labnehbällchen (s. S. 20)

SO GEHT'S

1 Den Backofen auf 200 °C (Ober-/Unterhitze) vorheizen. Ein Backblech mit Backpapier auslegen.

2 Kichererbsen in ein Sieb abgießen, mit kaltem Wasser abbrausen und abtropfen lassen. Knoblauch schälen und in eine Schüssel pressen. Öl und Gewürze zugeben, alles kräftig salzen und ver- rühren. Die Kichererbsen gründlich mit dem Würzöl vermengen und auf dem Backblech verteilen. Im heißen Ofen (Mitte, Umluft 180 °C) 30–40 Minuten rösten, bis sie knusprig sind; zwischen- durch ein- bis zweimal durchrühren.

3 Währenddessen für den Grünkohl die Grünkohlblätter in mund- gerechten Stücken vom Stiel zupfen, waschen und trocken schleudern. Zitronensaft, Kreuzkümmel und Öl kräftig verschla- gen und mit Salz und Pfeffer würzen. Mit dem Grünkohl mischen und alles kurz mit den Händen (eventuell Gummihandschuhe tragen) durchkneten, bis der Kohl weicher wird. Ziehen lassen.

4 Die Sharonfrüchte waschen, schälen und quer in etwa 5 mm dicke Scheiben schneiden; den obersten Teil mit Stielansatz entsorgen. Die Scheiben übereinanderlegen und vierteln oder sechsteln. Die Möhre schälen, putzen und auf der Rohkostreibe grob raspeln. Couscous zubereiten, wie auf S. 18 beschrieben.

5 Grünkohl nochmals durchmischen, eventuell nochmals mit Zitronensaft, Salz und Pfeffer abschmecken. Couscous auf zwei Schalen verteilen. Grünkohl, Möhre und Sharon mischen, zu- letzt die Kichererbsen und einen Großteil der Granatapfelkerne unterheben. Auf den Couscous geben und die Labnehbällchen darauf platzieren. Mit übrigen Granatapfelkernen bestreuen.

ROTE-FALAFEL-BOWL

ZUTATEN

FÜR DEN HUMMUS

1 Glas Kichererbsen
   (350 g Füllgewicht)

1 Knoblauchzehe

2 EL Tahin (s. S. 9)

Saft von 1 Zitrone

150 g griechischer Joghurt
   (10 % Fett)

¼ TL gemahlener Kreuzkümmel

Salz – Pfeffer

FÜR DEN WURZELSALAT

1 Rote Bete (ca. 120 g) – 1 Möhre

1 kleine Pastinake (ca. 80 g)

1½ EL Zitronensaft

2 EL Granatapfelmelasse (s. S. 9)

1 TL Honig – Salz – Pfeffer

2 EL Olivenöl – ½ Bund Petersilie

AUSSERDEM

100 g Bulgur – 30 g Walnusskerne

1 Handvoll Babymangoldblätter

2 TL Zatar (s. S. 12)

Eingelegte Radieschen (s. S. 17)

**10 Rote-Bete-Ofenfalafeln
   (s. S. 49)**

10 kleine schwarze Oliven

SO GEHT'S

1 Für den Hummus die Kichererbsen in ein Sieb abgießen und kalt abbrausen. Knoblauch schälen und grob hacken. Beides mit Tahin, der Hälfte des Zitronensafts, 2–3 EL Joghurt und Kreuzkümmel fein pürieren. Übrigen Joghurt unterrühren und mit Salz, Pfeffer sowie eventuell nochmals Zitronensaft würzen.

2 Inzwischen Bulgur zubereiten und quellen lassen, wie auf S. 19 beschrieben. Für den Salat Rote Bete, Möhre und Pastinake schälen (dabei Gummihandschuhe tragen, die Rote Bete färbt!) und auf einer Gemüsereibe in feine Stifte (Julienne) hobeln. Zitronensaft, Granatapfelmelasse und Honig verrühren, salzen, pfeffern, dann das Öl kräftig unterschlagen und das Dressing mit dem vorbereiteten Gemüse mischen. Petersilie waschen und trocken schütteln, Blättchen abzupfen und grob hacken.

3 Die Walnüsse in einer Pfanne ohne Fett rösten, bis sie leicht bräunen und duften. Abkühlen lassen und grob hacken. Den Babymangold waschen und trocken schleudern.

4 Den Hummus auf zwei flachen Tellern ausstreichen, mit Zatar bestreuen. Bulgur auf den Hummus geben. Zwei Drittel der Petersilie unter den Wurzelsalat heben. Wurzelsalat, Baby- mangold, eingelegte Radieschen und Rote-Bete-Ofenfalafeln auf dem Hummus anrichten. Oliven und Walnüsse darauf verteilen, alles mit restlicher Petersilie bestreuen und servieren.

45 MINUTEN (+ ZUBEREITUNGSZEIT FALAFELN)

HOT-PEPPER-HUMMUS-BOWL

ZUTATEN

FÜR DEN PAPRIKA-HUMMUS

2 große Paprika

1 Glas Kichererbsen
(400 g Füllgewicht)

2 Knoblauchzehen

2 EL Tahin (s. S. 9)

2 EL Olivenöl

2 EL Zitronensaft

½ TL gemahlener Kreuzkümmel

1 TL edelsüßes Paprikapulver

½ TL Pimentón de la vera (s. S. 10)

Salz – Pfeffer

AUSSERDEM

2 EL Pistazienkerne

3 EL Pinienkerne

2 EL getrocknete Sauerkirschen

100 g helle Quinoa (s. Tipp S. 25)

250 g grüner Spargel

1 kleiner Brokkoli

1 Bund Petersilie

3 EL Olivenöl

½ TL Kreuzkümmelsamen

¼ TL Chiliflocken

SO GEHT'S

1 Den Backofen auf 250 °C (Ober-/Unterhitze) vorheizen, Blech mit Backpapier auslegen. Paprika längs vierteln, putzen, waschen, mit der Hautseite nach oben auf das Blech legen. Im heißen Ofen (oben) 20–25 Minuten rösten, bis die Haut schwarze Blasen wirft. Herausnehmen, in einer Schüssel aufeinanderlegen, mit einem feuchten Tuch abdecken. Lauwarm abkühlen lassen, mit einem Spitzmesser häuten.

2 Inzwischen Pistazien und Pinienkerne in einer Pfanne ohne Fett hellbraun anrösten. Herausnehmen und abkühlen lassen, mit den Kirschen grob hacken. Quinoa zubereiten und quellen lassen, wie auf S. 19 beschrieben. Spargel waschen, holzige Enden wegschneiden, dicke Stangen unten schälen. In etwa 5 cm lange Stücke schneiden. Brokkoli waschen, putzen und in Röschen brechen. In einem Topf Salzwasser erhitzen, Spargel hineingeben und bei mittlerer Hitze 3 Minuten kochen. Brokkoli zugeben, weitere 3–5 Minuten garen; das Gemüse sollte noch etwas Biss haben. In einem Sieb abtropfen lassen. Petersilie waschen und trocken schütteln, Blättchen abzupfen und grob hacken.

3 Für den Hummus die gerösteten Paprika grob zerschneiden. Kichererbsen in ein Sieb abgießen, dabei das Einlegewasser auffangen. Knoblauch schälen und grob hacken. Alles mit Tahin, 2 EL Olivenöl, Zitronensaft und den Gewürzen fein pürieren, dabei je nach gewünschter Konsistenz mehr oder weniger Einlegewasser zugeben. Mit Salz und Pfeffer würzen.

4 In einer beschichteten Pfanne 3 EL Öl erhitzen, darin bei mittlerer Hitze den Kreuzkümmel rösten, bis er zu knistern anfängt. Hitze erhöhen, Brokkoli und Spargel zugeben. Salzen, pfeffern, bei starker Hitze 1–2 Minuten braten. Chiliflocken unterrühren.

5 Hummus auf zwei flachen Schalen ausstreichen. Die Hälfte der Pistazien-Pinienkern-Mischung und die Petersilie unter die Quinoa mischen, auf dem Hummus verteilen. Brokkoli und Spargel darauf anrichten, mit Bratöl beträufeln. Alles mit übriger Pistazien-Pinienkern-Mischung bestreuen.

1 STUNDE

EASY-MAROKKO-KICHERERBSEN-BOWL

ZUTATEN

FÜR DIE KICHERERBSEN

1 kleine Zwiebel – 1 Knoblauchzehe

3 EL Olivenöl – 1 TL Tomatenmark

1 TL Harissa (s. S. 10)

je 1 TL gemahlener Kreuzkümmel
    und Ras el Hanout

½ TL gemahlener Zimt

200 g stückige Tomaten

1 Glas Kichererbsen
    (ca. 240 g Abtropfgewicht)

Salz – Pfeffer

FÜR DEN SALAT

1 gute Handvoll Babyspinat

1 Minigurke

1 kleine grüne Paprika

2 Frühlingszwiebeln

½ Bund Koriandergrün

3 Stängel Minze – Salz – Pfeffer

AUSSERDEM

120 g Couscous

150 g griechischer Joghurt
    (10 % Fett)

1 EL Schwarzkümmel

Chiliflocken zum Bestreuen
    (nach Belieben)

SO GEHT'S

1 Für die Kichererbsen Zwiebel und Knoblauch schälen und getrennt fein würfeln. Das Öl in einem Topf erhitzen, die Zwiebel darin bei schwacher Hitze langsam goldgelb und weich dünsten. Knoblauch zugeben und kurz mitdünsten. Tomatenmark, Harissa und die Gewürze zugeben, unter Rühren kurz anrösten. Die Tomaten zugeben und unter Rühren braten, bis alle Flüssigkeit verdunstet ist und die Masse deutlich dunkler wird. Die Kichererbsen samt Einlegewasser zugeben, salzen, pfeffern und alles zugedeckt bei mittlerer Hitze 10–15 Minuten garen. Falls nötig, weitere 5 Minuten offen garen, damit die Flüssigkeit verdunsten kann.

2 Inzwischen für den Salat den Spinat waschen, verlesen und trocken schütteln. Gurke waschen und putzen, Paprika halbieren, putzen und waschen, dann beides in etwa 1 cm große Würfel schneiden. Frühlingszwiebeln waschen, trocken schütteln und mit dem Grün in nicht zu dünne Ringe schneiden. Koriandergrün und Minze waschen, trocken schütteln, Blättchen abzupfen und grob zerschneiden. Von den Frühlingszwiebeln und den Kräutern ein wenig zum Garnieren beiseitelegen, die restlichen Salatzutaten mischen, leicht salzen und pfeffern.

3 Couscous zubereiten und quellen lassen, wie auf S. 18 beschrieben, dann auf zwei Schalen verteilen. Die Kichererbsen, die Salatmischung und den Joghurt darauf anrichten. Alles mit den beiseitegelegten Frühlingszwiebeln und Kräutern, dem Schwarzkümmel und nach Belieben Chiliflocken bestreuen.

GRÜNE MÖHRENFRITTERS-BOWL

ZUTATEN

FÜR DIE MÖHRENFRITTERS

200 g Möhren – 200 g Halloumi

4 Stängel Dill

1 Ei (Größe S)

2 EL Mehl – 1 Msp. Backpulver

¼ TL gemahlener Kreuzkümmel

½ TL gemahlener Koriander

3 Msp. Chiliflocken

Salz – Pfeffer

Olivenöl zum Braten

AUSSERDEM

200 g griechischer Joghurt
(10 % Fett)

2 TL (Rosen-)Harissa (s. S. 10)

½ Bio-Limette – Salz

2 grüne türkische Spitzpaprika

2 Frühlingszwiebeln

½ Bund Petersilie

5 Stängel Minze

120 g Babyspinat

1 Knoblauchzehe

120 g Couscous

2 EL Rosinen

SO GEHT'S

1 Joghurt mit Harissa verrühren. Limette heiß waschen, Schale fein abreiben und daruntermischen. Limette auspressen, den Joghurt mit Salz und 1–2 Spritzern Limettensaft abschmecken. Paprika halbieren, putzen, waschen und quer in schmale Streifen schneiden. Frühlingszwiebeln waschen und mitsamt dem Grün in Ringe schneiden. Die Kräuter waschen, trocken schütteln, Blättchen abzupfen und grob hacken. Spinat waschen, putzen und abtropfen lassen. Knoblauch schälen und fein hacken.

2 Für die Fritters Möhren schälen, putzen und grob raspeln. Den Halloumi trocken tupfen, ebenfalls grob raspeln. Dill waschen, trocken schütteln, Spitzen abzupfen und fein hacken. Das Ei in einer Schüssel verquirlen. Mehl mit Backpulver und Gewürzen mischen. Möhren, Halloumi, Dill und Ei verrühren, salzen und pfeffern. Mehlmischung daraufgeben, alles gut vermengen.

3 In einer Pfanne reichlich Öl erhitzen, je 4 schwach gehäufte EL Möhren-Halloumi-Masse mit Abstand zueinander hineingeben, mit der Löffelunterseite leicht flach streichen. Die Fritters pro Seite in jeweils 3–4 Minuten goldbraun braten. Auf Küchenpapier entfetten, eventuell bei 80 °C im Ofen warm halten. Den Rest des Teigs ebenso verarbeiten.

4 Inzwischen Couscous zubereiten, wie auf S. 18 beschrieben, dabei allerdings die Rosinen zum Couscous geben und mit übergießen; alles quellen lassen. In einem Topf 1 EL Öl erhitzen, darin den Knoblauch andünsten. Spinat zugeben, salzen, pfeffern und unter Rühren gerade zusammenfallen lassen. Warm halten.

5 Zwei Drittel der Kräuter und die Frühlingszwiebeln unter den Couscous heben, diesen auf zwei Schalen verteilen. Spinat, Fritters und Harissa-Joghurt darauf anrichten, mit Paprika, übrigen Kräutern und Frühlingszwiebeln bestreuen.

40 MINUTEN

MOKKAKICK-HUMMUS-BOWL

ZUTATEN

FÜR DIE MOKKADATTELN

4 getrocknete Datteln

½ Zimtstange – 2 EL Ahornsirup

125 ml frisch gebrühter Espresso

FÜR DIE SÜSSKARTOFFEL

1 Süßkartoffel (ca. 350 g)

1 TL Baharat (s. S. 13)

1½ EL Olivenöl – Salz – Pfeffer

FÜR DEN HUMMUS

1 Glas Kichererbsen
(ca. 220 g Abtropfgewicht)

1 Knoblauchzehe

1½ EL Tahin (s. S. 9)

Saft von ½ Zitrone (oder mehr)

2 EL Olivenöl

¾ TL gemahlener Kreuzkümmel

2–3 Msp. Chilipulver

Salz – Pfeffer

AUSSERDEM

100 g Bulgur – 1 kleine Gelbe Bete

1 kleine Pastinake

1 TL Zitronensaft – 2 Stängel Minze

1 Handvoll Feldsalat

40 g gesalzene Pistazien
(mit Schale)

2 EL Dukkah (s. S. 13 und S. 31)

SO GEHT'S

1 Für die Würzdatteln die Datteln mit einem spitzen Messer häuten, mit Zimtstange und Ahornsirup in eine ausreichend große Tasse geben. Mit kochendem Espresso übergießen und 30 Minuten ziehen lassen.

2 Inzwischen Bulgur zubereiten und quellen lassen, wie auf S. 19 beschrieben. Für die Süßkartoffel den Backofen auf 200 °C (Ober-/Unterhitze) vorheizen, ein Blech mit Backpapier auslegen. Die Süßkartoffel schälen, putzen und in knapp 1 cm dicke Scheiben schneiden. Mit Öl und Baharat mischen, salzen und pfeffern. Auf dem Blech verteilen und im heißen Ofen (Mitte) 20–25 Minuten garen; dabei einmal wenden.

3 Für den Hummus die Kichererbsen in ein Sieb abgießen, dabei das Einlegewasser auffangen. Den Knoblauch schälen und grob würfeln. Mit Kichererbsen, Tahin, Zitronensaft, Öl und den Gewürzen fein pürieren, dabei so viel von dem Einweichwasser zugeben, bis eine cremige Masse entsteht. Mit Salz und Pfeffer sowie eventuell nochmals Zitronensaft abschmecken.

4 Die Gelbe Bete und die Pastinake schälen und getrennt auf dem Gemüsehobel in feine Stifte (Julienne) hobeln. Pastinake mit Zitronensaft mischen. Minze waschen und trocken schütteln, die Blättchen abzupfen und grob zerzupfen. Feldsalat waschen, putzen, trocken schütteln und kleiner zupfen. Pistazien von der Schale befreien und grob hacken.

5 Den Hummus in zwei Schalen verstreichen. Den Bulgur in die Mulde geben. Gelbe Bete, Pastinake, Feldsalat und Süßkartoffel darauf anrichten. Datteln aus dem Sud nehmen und dazulegen. 2–3 EL Würzsud über Gemüse und Salat träufeln. Alles mit Minze, Dukkah und Pistazien bestreuen.

40 MINUTEN

MÖHREN-LINSEN-BOWL

ZUTATEN

FÜR DIE MÖHREN-MISCHUNG

450 g bunte Möhren

⅓ TL gemahlener Kreuzkümmel

¾ TL (Rosen-)Harissa (s. S. 10)

3 TL Ahornsirup – 2 EL Olivenöl

Salz – Pfeffer

5 getrocknete Soft-Aprikosen

1 Bund Rucola

2 EL Limettensaft

FÜR DAS JOGHURT-DRESSING

5 Stängel Dill – 2 Stängel Minze

1 Knoblauchzehe

200 g griechischer Joghurt (10 % Fett)

Salz – Pfeffer

⅓ TL gemahlener Kreuzkümmel

AUSSERDEM

60 g Berg- oder Belugalinsen

100 g Bulgur

20 g geröstete Salzmandeln (Fertigprodukt)

1 TL Sumach (s. S. 11)

SO GEHT'S

1 In einem Topf etwa 350 ml Wasser aufkochen. Linsen hineingeben und bei mittlerer Hitze zugedeckt 20–25 Minuten garen, sodass sie am Ende noch leicht Biss haben und nicht zerfallen. Inzwischen den Bulgur zubereiten, wie auf S. 19 beschrieben.

2 Den Backofen auf 250 °C (Ober-/Unterhitze) vorheizen, ein Blech mit Backpapier auslegen. Für die Möhrenmischung die Möhren schälen, putzen, längs vierteln und die Viertel in etwa 6 cm lange Stifte schneiden. Kreuzkümmel, Harissa, Ahornsirup und Öl glatt verrühren und mit den Möhren auf dem Backblech mischen. Die Möhren salzen und pfeffern, gut auf dem gesamten Blech verteilen. Im heißen Ofen (Mitte) etwa 20 Minuten garen, bis sie gut gebräunt sind, aber noch leicht Biss haben; zwischendurch einmal durchrühren.

3 Inzwischen für das Joghurt-Dressing die Kräuter waschen und trocken schütteln. Dillspitzen abzupfen und grob hacken, Minzeblättchen abzupfen und grob zerzupfen. Knoblauch schälen und zum Joghurt pressen. 1 EL gehackten Dill beiseitelegen, den Rest unter den Joghurt rühren, mit Salz, Pfeffer und Kreuzkümmel würzen.

4 Die getrockneten Aprikosen für die Möhrenmischung grob würfeln oder in Streifen schneiden. Rucola waschen, trocken schütteln, grobe Stiele entfernen, die Blätter grob zerzupfen. Die Salzmandeln grob hacken.

5 Die Möhren aus dem Ofen nehmen, kurz etwas abkühlen lassen, dann mit Limettensaft, Aprikosen und Rucola vermengen. Bulgur auf zwei Schalen verteilen, die Linsen und die Möhrenmischung separat daraufgeben. Das Joghurt-Dressing als Klecks dazusetzen. Minze, übrigen Dill und Mandeln darauf verteilen, alles mit Sumach bestreuen.

30 MINUTEN

VEGANE SHAWARMA-BOWL

ZUTATEN

FÜR DAS SHAWARMA-KICHERERBSENGEMÜSE

450 g Blumenkohl

1 kleine Süßkartoffel

1 Glas Kichererbsen
(ca. 240 g Abtropfgewicht)

2 Knoblauchzehen – 3 EL Olivenöl

Saft von 1 Zitrone – 1 TL Ahornsirup

1 TL Kreuzkümmel

je ½ TL gemahlener Kardamom
und Zimt

¼ TL Kurkumapulver

2 Msp. gemahlener Piment

1 TL Pimentón de la vera (s. S. 10)

¼ TL Chilipulver – Salz – Pfeffer

FÜR DAS TAHIN-DRESSING

4 EL Tahin (s. S. 9)

2 EL Zitronensaft

⅓ TL getrockneter Thymian

Salz – Pfeffer

AUSSERDEM

100 g helle Quinoa (s. Tipp S. 25)

1 Mini-Romanasalatherz

1 Minigurke – 1 kleine rote Zwiebel

⅓ Bund Petersilie

Rotkohl-Pickles (s. S. 16)

1 TL Schwarzkümmelsamen

SO GEHT'S

1 Quinoa zubereiten und quellen lassen, wie auf S. 19 beschrieben. Den Backofen auf 220 °C (Ober-/Unterhitze) vorheizen, ein Blech mit Backpapier auslegen.

2 Für das Shawarma-Kichererbsengemüse den Blumenkohl putzen, waschen und in größere, gerade noch mundgerechte Röschen zerteilen. Die Süßkartoffel schälen, putzen und in etwa 1,5 cm große Würfel schneiden. Die Kichererbsen in ein Sieb abgießen, kalt abbrausen und abtropfen lassen. Den Knoblauch schälen und in eine große Schüssel pressen, das Öl zugeben. Beides mit der Hälfte des Zitronensafts, dem Ahornsirup, den Gewürzen, ½ TL Salz und Pfeffer verrühren. Blumenkohl, Süßkartoffel und Kichererbsen dazugeben und alles gründlich vermengen. Auf dem Blech verteilen und im heißen Ofen (Mitte) 20–25 Minuten garen, dabei ein- bis zweimal durchrühren. Herausnehmen und etwas von dem übrigen Zitronensaft darüberträufeln, alles durchmischen.

3 Währenddessen den Romanasalat putzen, in Blätter zerteilen, waschen und trocken schleudern, die Blätter in etwa 1 cm breite Streifen schneiden. Die Gurke waschen und in dünne Scheiben schneiden. Die Zwiebel schälen, längs halbieren und in schmale Spalten schneiden. Die Petersilie waschen und trocken schütteln, die Blättchen abzupfen und grob zerschneiden.

4 Für das Dressing Tahin mit Zitronensaft und 4–5 EL möglichst (eis-)kaltem Wasser glatt verrühren (je nach gewünschter Konsistenz mehr oder weniger Wasser zugeben). Thymian fein zerbröseln, unterrühren, salzen und pfeffern.

5 Quinoa auf zwei Schalen verteilen. Salat, Gurke, Zwiebel, Rotkohl-Pickles und Shawarma-Kichererbsengemüse darauf verteilen. Das Tahin-Dressing darüberträufeln, alles mit Petersilie und Schwarzkümmel bestreuen.

FISCH & MEERES-FRÜCHTE

RADIESCHEN-FORELLEN-BOWL

ZUTATEN

FÜR DIE RADIESCHEN

2 Bund Radieschen

3 EL Olivenöl

½ TL gemahlener Kreuzkümmel

½ TL gemahlener Koriander

2 Msp. Chiliflocken

Salz – Pfeffer

FÜR DIE FORELLE

1 Handvoll Postelein (Portulak)

1 Handvoll Kerbel

1 Bund Dill

3 Stängel Minze

150 geräucherte Forellenfilets

AUSSERDEM

100 g Bulgur

Salz

150 g TK-Erbsen

**1 Portion cremiger Labneh
(s. S. 20)**

2 EL Dukkah (s. S. 13 und S. 31)

SO GEHT'S

1 Bulgur zubereiten und quellen lassen, wie auf S. 19 beschrieben. Radieschen waschen, putzen und längs halbieren, 1 Handvoll kleinere, schöne zarte Radieschenblätter für die Forelle beiseitelegen. Postelein, Kerbel, Dill und Minze waschen, trocken schütteln und etwas kleiner zerzupfen. Forellenfilets in mundgerechte Stücke zerteilen.

2 In einem kleinen Topf ausreichend Wasser erhitzen und salzen. Tiefgekühlte Erbsen zugeben und in 10–15 Minuten garen, anschließend in ein Sieb abgießen und abtropfen lassen, eventuell warm halten.

3 Für die Radieschen in einer Pfanne das Olivenöl erhitzen. Die Radieschenhälften zugeben und bei starker Hitze 4–5 Minuten unter Rühren braten, bis sie bräunen. Hitze reduzieren, mit den Gewürzen, Salz und Pfeffer überstäuben, gut durchrühren und weitere 1–2 Minuten braten.

4 Labneh auf zwei flachen Schalen ausstreichen. Bulgur daraufgeben, die Erbsen und Radieschen samt Bratöl an der Seite anrichten. Forelle, Radieschenblätter, Postelein, Kerbel, Dill und Minze vorsichtig mischen und daraufgeben. Alles mit Dukkah bestreuen und servieren.

35 MINUTEN

ZATAR-FISCH-BOWL

ZUTATEN

250 g Rotbarschfilet (oder anderes weißfleischiges Fischfilet)

1¼ EL Zatar (s. S. 12)

2 EL Olivenöl – Salz – Pfeffer

FÜR DAS DRESSING

1 Tomate – 20 g grüne Oliven

20 g Kapern (plus Einlegewasser)

2 Salzzitronen (aus dem Glas; s. S. 14)

1 kleines Bund Petersilie

⅓ TL Chiliflocken

3 EL Olivenöl – Salz – Pfeffer

AUSSERDEM

125 g Reis

4 Artischockenherzen (in Salzlake)

2 Tomaten

100 g grüne Dicke Bohnen (TK)

Salz

100 g Grüne-TK-Bohnen

3 Stängel Dill

2 Stängel Estragon

1 Knoblauchzehe

Olivenöl zum Braten – Pfeffer

150 g griechischer Joghurt (10 % Fett)

1–2 EL Zatar (s. S. 12)

SO GEHT'S

1 Den Fisch kalt abspülen und trocken tupfen. Zatar und Olivenöl zu einer Marinade verrühren, salzen und pfeffern. Den Fisch gründlich darin wenden und zugedeckt 12 Stunden im Kühlschrank marinieren.

2 Für das Dressing Tomate halbieren, das weiche Innere samt Kernen entfernen, das Fruchtfleisch klein hacken. Die Oliven von den Steinen schneiden, mit den Kapern grob hacken. Die Salzzitronen vierteln, das Fruchtfleisch aus der Schale kratzen und entsorgen, die Schale fein hacken. Petersilie waschen und trocken schütteln, die Blättchen abzupfen und zerschneiden. Alles mit Chiliflocken, 2–3 EL Öl und 1–2 EL Kapernsud verrühren. Ziehen lassen, dann eventuell mit Salz und Pfeffer abschmecken.

3 Reis zubereiten und quellen lassen, wie auf S. 19 beschrieben. Inzwischen Artischockenherzen vierteln. Tomaten waschen und würfeln, dabei den Stielansatz entfernen. Tiefgekühlte Dicke Bohnen in ausreichend Salzwasser geben und 4 Minuten garen. Aus dem Kochwasser heben und in einem Sieb abtropfen lassen. Bohnenkerne aus den Häuten drücken. Das Wasser erneut aufkochen, die gefrorenen grünen Bohnen darin in 5–8 Minuten garen, anschließend ebenfalls in dem Sieb abtropfen lassen.

4 Kräuter waschen, trocken schütteln, Blättchen bzw. Spitzen abzupfen und grob hacken. Knoblauch schälen und quer in Scheiben schneiden. Öl in einer Pfanne erhitzen, darin den Knoblauch andünsten. Beide Bohnensorten zugeben und kurz heiß werden lassen, salzen, pfeffern und zugedeckt warm halten. In einer zweiten Pfanne reichlich Öl erhitzen. Darin den Fisch bei mittlerer Hitze beidseitig in 8–12 Minuten goldbraun braten.

5 Großteil der Kräuter unter die Bohnen mischen. Reis auf zwei Schalen verteilen. Bohnen und Tomatenwürfel daneben anrichten. Joghurt, Artischockenherzen und den Fisch daraufsetzen. Mit dem Bratöl überträufeln. Das Dressing über Fisch und Joghurt geben, alles mit übrigen Kräutern und Zatar bestreuen.

35 MINUTEN (+ 12 STUNDEN MARINIEREN)

CHERMOULA-LACHS-BOWL

ZUTATEN

FÜR DEN LACHS

1 Lachsfilet (ohne Haut, ca. 350 g)

Salz – Pfeffer

1 Bund Koriandergrün

½ Bund Petersilie

1 Knoblauchzehe

1 Bio-Zitrone

¾ TL gemahlener Kreuzkümmel

½ TL gemahlener Koriander

¼ TL Kurkumapulver

¼ TL edelsüßes Paprikapulver

3 EL Olivenöl

AUSSERDEM

120 g Reis

3 EL getrocknete Sauerkirschen

1 dicke Möhre

1 Handvoll Babyspinat

½ Bund Petersilie

4 Stangen Staudensellerie

15 grüne Oliven (ohne Stein)

Olivenöl zum Braten

3 EL Pinienkerne

Salz – Pfeffer

SO GEHT'S

1 Den Reis zubereiten und quellen lassen, wie auf S. 19 beschrieben. Für den Lachs den Backofen auf 200 °C (Ober-/Unterhitze) vorheizen. Fischfilet kalt abbrausen und trocken tupfen, in eine ofenfeste Form legen, salzen und pfeffern. Kräuter waschen, gut trocken schütteln und samt Stängeln grob zerschneiden. Den Knoblauch schälen und hacken. Die Zitrone heiß waschen und halbieren; eine Hälfte auspressen, die andere in sehr dünne Scheiben schneiden.

2 Kräuter mit Knoblauch, Gewürzen und 2 EL Zitronensaft im Blitzhacker nicht zu fein zerkleinern, leicht salzen und pfeffern. Kräutermasse auf dem Lachs verteilen und gut andrücken, das Öl gleichmäßig darüberträufeln und alles mit Zitronenscheiben bedecken. Im heißen Ofen (Mitte) in 12–15 Minuten garen.

3 Inzwischen die Sauerkirschen mit so viel kochendem Wasser übergießen, dass sie gerade bedeckt sind. Möhre schälen und grob raspeln. Spinat waschen, verlesen und trocken schleudern. Petersilie waschen, trocken schütteln, Blättchen abzupfen und grob zerschneiden. Sellerie waschen, putzen (das Grün beiseitelegen), die Stangen längs dritteln und in kleine Stücke schneiden. Die Hälfte der Oliven grob hacken.

4 Reichlich Öl in einer Pfanne erhitzen, Sellerie darin bei starker Hitze 3–4 Minuten unter Rühren braten. Pinienkerne zugeben, salzen, pfeffern und leicht anbräunen. Mit etwas Einlegewasser von den Kirschen ablöschen. Diese abgießen und mit den Oliven unterrühren. Warm halten. Etwas Selleriegrün fein hacken.

5 Lachs aus dem Ofen nehmen, Zitronenscheiben entsorgen, den Lachs mit zwei Gabeln zerzupfen, dabei die Kräuter von oben unterarbeiten. 2 EL Petersilie unter das Selleriegemüse mischen.

6 Den Reis auf zwei Schalen verteilen. Den „Pulled Lachs" darauf anrichten und mit Garsud beträufeln. Möhre, Spinat, Selleriegemüse und übrige Oliven ebenfalls darauf verteilen. Mit übriger Petersilie und dem Selleriegrün bestreuen.

30 MINUTEN

SARDINEN-AVOCADO-BOWL

ZUTATEN

FÜR DIE AVOCADOCREME

2 reife Avocados

Saft von 1 Limette

1 Knoblauchzehe

2 Frühlingszwiebeln

2 Msp. Chilipulver

½ TL gemahlener Kreuzkümmel

¼ TL gemahlener Koriander

Salz – Pfeffer

AUSSERDEM

6 große Blätter Radicchio

1 (Blut-)Orange

⅓ Bund Petersilie

125 g Couscous

6 ausgenommene Sardinen,
   ohne Kopf (à ca. 80 g)

Salz – Pfeffer

Olivenöl zum Braten

12 kleine schwarze Oliven

Eingelegte Zwiebeln (s. S. 16)

1 EL Sumach (s. S. 11)

SO GEHT'S

1 Für die Avocadocreme die Avocados halbieren und den Kern entfernen. Das Fruchtfleisch mit einem Löffel aus der Schale kratzen und sofort mit Limettensaft mischen, damit es nicht braun wird. Knoblauch schälen und dazupressen. Frühlingszwiebeln waschen und trocken schütteln, den grünen Teil in Ringe schneiden, den weißen Teil getrennt erst längs vierteln, dann fein hacken. Avocado und Knoblauch mit einer Gabel zu Mus zerdrücken. Die weißen Frühlingszwiebelstücke und die Gewürze unterrühren, salzen und pfeffern.

2 Radicchio waschen, trocken schütteln und in feine Streifen schneiden. Von der Orange mit einem scharfen Messer die Schale samt weißer Haut abschneiden, das Fruchtfleisch in dünne Scheiben schneiden; vorhandene Kerne entfernen. Petersilie waschen und trocken schütteln, die Blättchen abzupfen und grob zerschneiden.

3 Couscous zubereiten und quellen lassen, wie auf S. 18 beschrieben. Sardinen innen und außen kalt abspülen, dann trocken tupfen, mit Salz und Pfeffer würzen. In einer Pfanne reichlich Öl erhitzen, darin die Sardinen bei mittlerer Hitze beidseitig jeweils 3–4 Minuten braten, bis die Haut knusprig ist.

4 Couscous auf zwei Schalen verteilen. Sardinen, Radicchio, Avocadocreme, Orangenscheiben, Oliven und eingelegte Zwiebeln darauf anrichten. Alles mit Petersilie und Frühlingszwiebelgrün bestreuen und mit Sumach überstäuben.

SAFRAN-GARNELEN-BOWL

ZUTATEN

FÜR DIE GARNELEN

300 g küchenfertige Garnelen

½ Knoblauchzehe

1 Bio-Orange

¼ TL Chiliflocken

½ Bund Petersilie

Olivenöl zum Braten

FÜR DAS SAFRANDRESSING

1 Briefchen Safran (à 0,1 g)

½ Knoblauchzehe

4 EL Salatmayonnaise
(aus dem Glas)

120 g griechischer Joghurt
(10 % Fett)

Salz – Pfeffer

AUSSERDEM

125 g Reis

Salz

150 g TK-Erbsen

2 Möhren

2 Stangen Staudensellerie

1½ EL Sumach (s. S. 11)

SO GEHT'S

1 Die Garnelen kalt abspülen und gut trocken tupfen. Knoblauch schälen und fein hacken. Die Orange heiß waschen und abtrocknen, die Schale fein abreiben und den Saft auspressen. Die Hälfte der Schale und 3 EL Saft separat für das Dressing beiseitestellen, den Rest mit Knoblauch und Chiliflocken verrühren und mit den Garnelen mischen. Zugedeckt 1 Stunde marinieren.

2 Reis zubereiten, wie auf S. 19 beschrieben. Inzwischen für das Dressing den beiseitegestellten Orangensaft erhitzen, Safran mit den Fingern zerkrümeln, dazugeben. Vom Herd nehmen, 10 Minuten ziehen lassen. Abkühlen lassen. Knoblauch schälen und in ein Schälchen pressen, mit Mayonnaise und Joghurt glatt verrühren, dann Safran-Orangensaft und die beiseitegelegte Orangenschale dazugeben. Mit Salz und Pfeffer würzen.

3 In einem Topf Salzwasser erhitzen. Die Erbsen darin in 6–8 Minuten garen, in ein Sieb abgießen und abtropfen lassen. Währenddessen die Möhren schälen, putzen und grob raspeln. Den Sellerie waschen und putzen, das Grün beiseitelegen; die Stangen in dünne Scheiben schneiden, leicht salzen und mit den Händen kneten, bis der Sellerie weicher wird. Petersilie waschen und trocken schütteln, die Blätter abzupfen und grob hacken.

4 In einer beschichteten Pfanne ausreichend Öl erhitzen. Garnelen aus der Marinade nehmen und trocken tupfen. In die Pfanne geben und 2 Minuten braten. Salzen und pfeffern, mit 4–5 EL Marinade ablöschen und weitere 2 Minuten braten; eventuell nochmals etwas Marinade zugeben. Von der Petersilie 2–3 EL beiseitelegen, den Rest in die Pfanne geben, untermischen und die Garnelenmischung 2 Minuten durchziehen lassen.

5 Den Reis auf zwei Schalen verteilen, Erbsen, Möhren und Sellerie darauf anrichten, Safran-Dressing in die Mitte geben. Garnelen darauf verteilen und alles mit der beiseitegelegten Petersilie und Sumach bestreuen.

30 MINUTEN (+ 1 STUNDE MARINIEREN)

GOLDEN-SEAFOOD-BOWL

ZUTATEN

FÜR DEN FENCHEL

1 große Fenchelknolle

1 kleine rote Zwiebel

1 Bio-Zitrone

1 Briefchen Safran (à 0,1 g)

2 Msp. Chiliflocken

3 EL Olivenöl

1 Prise Zucker – Salz

FÜR DIE MEERESFRÜCHTE

300 g TK-Meeresfrüchte

1 Stange Staudensellerie

1 Möhre

400 ml Fischfond (aus dem Glas;
alternativ Gemüsebrühe)

2 EL Arak (s. S. 14; alternativ Ouzo,
Raki oder Pastis)

AUSSERDEM

1 Orange

50 g Babyspinat

3 Stängel Dill

¼ Bund Koriandergrün

120 g Couscous

1 TL Sumach (s. S. 11)

Chiliflocken (nach Belieben)

SO GEHT'S

1 Meeresfrüchte antauen lassen. Für den Fenchel die Knolle waschen und putzen, halbieren, den Strunk herausschneiden, die Hälften auf dem Gemüsehobel in dünne Streifen hobeln. Zwiebel schälen und längs in schmale Spalten schneiden. Zitrone heiß waschen, abtrocknen und halbieren; von einer Hälfte die Schale abreiben und den Saft auspressen. Zitronenschale und 1–2 EL Zitronensaft mit der Hälfte des Safrans sowie den Chiliflocken, Öl, Zucker und Salz in einer Schüssel verrühren. Fenchel und Zwiebel zugeben, alles mit den Händen leicht verkneten (Gummihandschuhe tragen: Safran färbt). Durchziehen lassen.

2 Inzwischen von der Orange die Schale samt weißer Haut abschneiden. Die Orange quer in dünne Scheiben schneiden, dabei Kerne entfernen. Spinat waschen, verlesen und trocken schleudern. Kräuter waschen und trocken schütteln, Blättchen bzw. Dillspitzen abzupfen und nicht zu fein zerschneiden.

3 Für die Meeresfrüchte die Selleriestange waschen und putzen, dabei das Grün grob zerschneiden und beiseitelegen, die Stange in dünne Scheiben schneiden. Möhre schälen, putzen, längs halbieren und die Hälften in dünne Scheiben schneiden. Fischfond aufkochen, übrigen Safran, 1 EL Zitronensaft, Möhre und Sellerie hineingeben, zugedeckt bei mittlerer Hitze 7–8 Minuten garen. Angetaute Meeresfrüchte zugeben und in 5 Minuten bei schwacher Hitze gar ziehen lassen. Inzwischen den Couscous zubereiten und quellen lassen, wie auf S. 18 beschrieben.

4 Meeresfrüchte in ein Sieb abgießen, dabei den Fond auffangen, und abtropfen lassen. Couscous mit 4–5 EL Fischfond vermengen und auf zwei Schalen verteilen. Spinat, marinierten Fenchel, Orangen und Meeresfrüchte darauf anrichten. Alles mit gehacktem Sellerigrün, den Kräutern, Sumach und Chiliflocken bestreuen. Beiseitegelegte Zitronenhälfte halbieren und zum Beträufeln dazuservieren.

! **TIPP**

Geben Sie den übrigen Fischfond in
eine Eiswürfelform und frieren Sie ihn
ein. So haben Sie eine schmackhafte
und leicht portionierbare Würzgrund-
lage für andere Fischgerichte!

30 MINUTEN

SOMMER-GARNELEN-BOWL

ZUTATEN

FÜR DEN TAHIN-DIP

200 g griechischer Joghurt
    (10 % Fett)

1 EL Tahin (s. S. 9) – Salz – Pfeffer

½ Bund Dill

FÜR DIE GARNELEN

12 küchenfertige rohe Riesengar-
    nelen (ohne Kopf und Schale)

1½ Knoblauchzehen

½ Bund Koriandergrün

4 EL Olivenöl – 3 Msp. Chiliflocken

Salz – Pfeffer – 2 EL Limettensaft

AUSSERDEM

100 g bunte Quinoa (s. Tipp S. 25)

je 1 kleine rote und gelbe
    Paprikaschote

100 g rote und gelbe Kirschtomaten

2 kleine Zucchini

1 Frühlingszwiebel

½ Knoblauchzehe

3 Zweige Thymian

je ½ Bund Koriandergrün und Dill

Olivenöl zum Braten – Salz – Pfeffer

3 EL Arak (s. S. 14; alternativ
    Ouzo, Raki oder Pastis)

1 TL Sumach (s. S. 11)

SO GEHT'S

1 Quinoa zubereiten und quellen lassen, wie auf S. 19 beschrieben. Für den Dip Joghurt und Tahin glatt verrühren, salzen und pfeffern. Dill waschen und trocken schütteln, Spitzen abzupfen und fein hacken, unterrühren.

2 Paprika halbieren, mit übrigem Gemüse waschen und putzen. Tomaten halbieren. Zucchini in 4 mm dicke Scheiben, Paprika in 1,5 cm große Würfel, Frühlingszwiebel in Ringe schneiden. Knoblauch schälen und fein hacken, Kräuter waschen, trocken schütteln, Blättchen bzw. Spitzen abzupfen, getrennt hacken.

3 In einer Pfanne Öl erhitzen, darin Zucchini bei mittlerer Hitze in 5–6 Minuten braun braten, gegen Ende Knoblauch und die Hälfte des Thymians unterrühren, salzen und pfeffern. Herausnehmen und warm halten. Etwas Öl nachgießen, die Pfanne heiß werden lassen, Paprika mit übrigem Thymian darin unter Rühren 4 Minuten braten, salzen und pfeffern. Mit Arak ablöschen und weitere 5–6 Minuten bei schwacher Hitze garen.

4 Inzwischen Garnelen kalt abbrausen und trocken tupfen. Knoblauch schälen und fein hacken. Koriander waschen, trocken schütteln, Blättchen abzupfen und grob hacken. In einer Pfanne das Öl erhitzen. Knoblauch zugeben und bei mittlerer Hitze andünsten, sodass er Aroma an das Öl abgibt, aber nicht bräunt. Knoblauch herausheben und beiseitelegen. Öl erneut heiß werden lassen, darin die Garnelen 3 Minuten bei mittlerer bis starker Hitze leicht braun braten. Gegen Ende die Chiliflocken darüberstreuen. Hitze reduzieren, Garnelen salzen und pfeffern, Limettensaft und gebratenen Knoblauch zugeben. Salzen, pfeffern und bei schwacher Hitze nochmals 1–2 Minuten durchrühren. Vom Herd nehmen, Koriandergrün unterrühren.

5 Koriander und zwei Drittel der Frühlingszwiebeln mit Quinoa mischen, auf zwei Schalen verteilen. Paprika, Zucchini, Tomaten, Garnelen und Dip darauf anrichten. Mit den übrigen Frühlingszwiebeln, Dill und Sumach bestreuen.

SMOKY-FISH-BOWL

ZUTATEN

FÜR DAS DRESSING

1 Bio-Orange

1 TL Senf

2 EL Weißweinessig

½ TL gemahlener Koriander

Salz – Pfeffer

4 EL Olivenöl

3 Stängel Estragon

AUSSERDEM

100 g bunte Quinoa (s. Tipp S. 25)

2 EL getrocknete Sauerkirschen

250 g geräucherte Makrelenfilets

1 Dose weiße Bohnen
(ca. 240 g Abtropfgewicht)

3 EL Rauchmandeln
(Fertigprodukt)

½ Bund Petersilie

300 g grüner Spargel

250 g Spinat

1 Knoblauchzehe

2 EL Olivenöl zum Braten

Salz – Pfeffer

4 EL griechischer Joghurt
(10 % Fett)

SO GEHT'S

1 Quinoa zubereiten und quellen lassen, wie auf S. 19 beschrieben. Währenddessen die Sauerkirschen mit kochendem Wasser übergießen und 10 Minuten quellen lassen. Makrelenfilets von der Haut lösen und mundgerecht zerzupfen. Bohnen in ein Sieb abgießen, kalt abbrausen und abtropfen lassen. Rauchmandeln grob hacken. Petersilie waschen und trocken schütteln, Blättchen abzupfen und grob hacken.

2 Für das Dressing die Orange heiß waschen und abtrocknen, die Schale fein abreiben und den Saft auspressen. Beides mit Senf, Essig und Koriander verrühren. Mit Salz und Pfeffer würzen, dann das Öl kräftig unterschlagen. Estragon waschen und trocken schütteln, die Blättchen abzupfen und grob hacken. Die Hälfte beiseitelegen, den Rest unterrühren.

3 Spargel waschen, holzige Enden wegschneiden, dicke Stangen unten schälen, dann in etwa 4 cm lange Stücke schneiden. In einem Topf ausreichend Wasser erhitzen und salzen, darin den Spargel in 8–10 Minuten garen, anschließend in ein Sieb abgießen und abtropfen lassen.

4 Inzwischen den Spinat waschen, verlesen und trocken schütteln. Den Knoblauch schälen und fein hacken. Die Kirschen abgießen. In einem Topf das Öl erhitzen, den Knoblauch darin andünsten. Spinat und Sauerkirschen zugeben, salzen, pfeffern und unter Rühren bei starker Hitze zusammenfallen lassen.

5 Bohnen und Quinoa mischen und auf zwei Schalen verteilen. Spargel, Makrele, Spinat und Joghurt darauf anrichten. Alles mit dem Dressing beträufeln und mit Petersilie, übrigem Estragon und Rauchmandeln bestreuen. Vor dem Servieren möglichst durchmischen.

GRÜNE GARNELEN-HUMMUS-BOWL

ZUTATEN

FÜR DEN ERBSEN-HUMMUS

60 g Kürbiskerne

400 g TK-Erbsen

40 g Babyspinat

1 Knoblauchzehe

1–2 EL Zitronensaft

125 ml Olivenöl

2 EL Tahin (s. S. 9)

Salz – Pfeffer

2–3 Msp. Chilipulver

AUSSERDEM

100 g bunte Quinoa (s. Tipp S. 25)

200 gegarte Garnelen

2 Stangen Staudensellerie

50 g Zuckerschoten

5 Radieschen

1 gute Handvoll Babyleaves
    (Pflücksalat)

½ Bund Dill

3 Stängel Estragon

2 Stängel Minze

3 EL Dukkah (s. S. 13 und S. 31)

SO GEHT'S

1 Quinoa zubereiten und quellen lassen, wie auf S. 19 beschrieben. Inzwischen in einer Pfanne ohne Fett die Kürbiskerne rösten, bis sie leicht bräunen und duften. Abkühlen lassen. In einem Topf ausreichend Wasser erhitzen, salzen. Darin die Erbsen in 6–8 Minuten garen, in ein Sieb abgießen und kalt abbrausen, abtropfen lassen. Währenddessen den Spinat waschen, verlesen und trocken schütteln. Den Knoblauch schälen und grob hacken. 300 g Erbsen, 40 g Kürbiskerne, Spinat, Knoblauch, 1 EL Zitronensaft, Öl und Tahin in die Küchenmaschine geben und cremig fein pürieren. Mit Zitronensaft, Salz, Pfeffer und Chilipulver würzen.

2 Garnelen in ein Sieb geben, kalt abbrausen und abtropfen lassen. Staudensellerie waschen, putzen und in dünne Scheiben schneiden. Zuckerschoten waschen, putzen und schräg quer halbieren. Radieschen, putzen, waschen und in Scheiben schneiden. Babyleaves waschen, verlesen und trocken schleudern. Die Kräuter waschen, trocken schütteln, Blättchen bzw. Spitzen abzupfen und nur grob zerzupfen oder zerschneiden.

3 In einem Topf ausreichend Wasser erhitzen, salzen, darin Sellerie und Zuckerschoten 2–3 Minuten garen. Übrige Erbsen zugeben und nur kurz heiß werden lassen. Alles in ein Sieb abgießen und abtropfen lassen.

4 Den Erbsen-Hummus auf zwei flache Schalen ausstreichen. Erbsen, Zuckerschoten und Staudensellerie darauf anrichten. Die Quinoa daneben anrichten. Babyleaves mit Garnelen, Radieschen und einem Teil der Kräuter mischen und auf die Quinoa häufen. Alles mit übrigen Kürbiskernen, übrigen Kräutern und Dukkah bestreuen.

BAGDAD-STYLE-FISH-BOWL

ZUTATEN

FÜR DEN FISCH

2 Zweige Thymian

2 EL Olivenöl

½ TL edelsüßes Paprikapulver

3 Msp. Chilipulver

¼ TL gemahlene Kurkuma

2 Saiblings- oder Forellenfilets (à ca. 200 g)

Salz – Pfeffer

FÜR DAS DRESSING

1 Knoblauchzehe

200 g Buttermilch

3 EL Olivenöl

2 EL Zatar (s. S. 12)

Salz – Pfeffer

AUSSERDEM

120 g Couscous

1 Minigurke

2 Stangen Staudensellerie

3 Tomaten

1 reife, feste Avocado

1 TL Zitronensaft

1 kleine rote Zwiebel

4 Stängel Minze

SO GEHT'S

1 Für das Dressing Knoblauch schälen, grob hacken und mit der Buttermilch in eine Schüssel geben. Öl dazugießen und alles mit dem Pürierstab schaumig aufmixen. Mit Zatar, Salz und Pfeffer würzen.

2 Den Backofen auf 200 °C (Ober-/Unterhitze) vorheizen, ein Blech mit Backpapier auslegen. Für den Fisch Thymian waschen und trocken schütteln, Blättchen abzupfen und fein hacken. Mit Öl, Paprikapulver, Chili- und Kurkumapulver verrühren. Die Fischfilets kalt abspülen und trocken tupfen, auf der Fleischseite mit dem Würzöl einstreichen, salzen und pfeffern. Im heißen Ofen (Mitte) in etwa 15 Minuten garen.

3 Inzwischen Couscous zubereiten und quellen lassen, wie auf S. 18 beschrieben. Gurke waschen, putzen und in etwa 1 cm große Würfel schneiden. Sellerie waschen und putzen, dabei das Grün beiseitelegen. Die Stangen längs halbieren und in etwa 5 mm große Stücke schneiden. Tomaten waschen und längs halbieren, die Hälften in etwa 1 cm große Stücke schneiden, dabei den Stielansatz entfernen. Avocado halbieren, Kern und Schale entfernen, das Fruchtfleisch etwa 1 cm groß würfeln. Sofort mit Zitronensaft vermengen, damit es nicht braun wird. Zwiebel schälen, längs halbieren, die Hälften in dünne Ringe schneiden. Minze waschen, trocken schütteln, Blättchen abzupfen und grob zerschneiden. Die Hälfte der Minze beiseitelegen, den Rest mit den vorbereiteten Salat- und Gemüsezutaten mischen und leicht salzen und pfeffern.

4 Couscous auf zwei Schalen verteilen, die Gemüsemischung daraufgeben. Den Fisch darüberlegen und alles mit der übrigen Minze bestreuen. Das Dressing dazureichen und vor dem Essen über Gemüse und Fisch gießen.

🕐 **25 MINUTEN**

TUNIS-THUNFISCH-BOWL

ZUTATEN

FÜR DAS AUBERGINENMUS

4 große Auberginen

2 Knoblauchzehen

3 EL Olivenöl

1 TL gemahlener Kreuzkümmel

¾ TL gemahlener Koriander

1 TL edelsüßes Paprikapulver

½ TL Chilipulver

1 Dose stückige Tomaten
  (400 g Füllgewicht)

Salz – Pfeffer

½ TL Honig

1–2 EL Zitronensaft

3 EL gehacktes Koriandergrün

AUSSERDEM

2 Eier (Größe M)

6 schwarze Oliven (ohne Stein)

1 Minigurke

2 Frühlingszwiebeln

1 Bund Rucola

½ Bund Koriandergrün

120 g Couscous

250 g frisches Thunfischfilet

Salz – Pfeffer

3 EL Sesam

Olivenöl zum Braten

SO GEHT'S

1 Den Backofengrill vorheizen. Für das Auberginenmus die Auberginen nur waschen und mit einer Gabel mehrmals ringsum tief einstechen. Auf das Blech legen, unter dem Grill 45–60 Minuten grillen, dabei nach je 15–20 Minuten wenden; das Innere sollte am Ende weich, die Schale eingefallen und trocken sein. Herausnehmen und in einem Sieb lauwarm abkühlen lassen. Halbieren, das Fruchtfleisch aus der Schale kratzen und kleiner schneiden. Knoblauch schälen und klein hacken.

2 Öl in einem Topf leicht erhitzen, Knoblauch und Gewürze zugeben und bei schwacher Hitze andünsten, bis der Knoblauch goldgelb ist. Tomaten zugeben, salzen, pfeffern und offen bei mittlerer Hitze 15–20 Minuten sämig einkochen lassen. Auberginenfruchtfleisch unterrühren und weitere 10 Minuten garen. Mit Honig, Salz, Pfeffer und Zitronensaft abschmecken. Vom Herd nehmen und etwas abkühlen lassen.

3 Eier in 8–9 Minuten hart kochen. Kalt abschrecken, pellen und in Scheiben schneiden. Oliven in Scheiben schneiden. Gurke waschen, putzen und klein würfeln. Frühlingszwiebeln waschen, trocken schütteln und samt Grün in Ringe schneiden. Rucola und Koriandergrün waschen und trocken schütteln; Rucola kleiner zupfen, Koriandergrün grob hacken. Couscous zubereiten und quellen lassen, wie auf S. 18 beschrieben. Thunfisch kalt abwaschen, trocken tupfen, salzen und pfeffern. Sesam auf einen Teller geben, den Thunfisch darin wenden; den Sesam andrücken. In einer Pfanne ausreichend Öl erhitzen, den Thunfisch darin bei mittlerer Hitze beidseitig je 3 Minuten braten. Kurz ziehen lassen, herausnehmen und in Scheiben schneiden.

4 Auberginenmus auf zwei flache Schalen verteilen. Couscous mit der Hälfte der Frühlingszwiebeln und des Koriandergrüns mischen und auf das Auberginenmus geben. Rucola, Thunfisch, Gurke und Eier darauf anrichten. Mit Oliven, übrigem Koriandergrün und übrigen Frühlingszwiebeln bestreuen.

FLEISCH &
GEFLÜGEL

HÄHNCHEN-SHAWARMA

 Für 2 Personen

ZUTATEN

2 Hähnchenbrustfilets
(à ca. 150 g)

2 Knoblauchzehen

10 g frischer Ingwer

2 EL Zitronensaft

100 g griechischer Joghurt
(10 % Fett)

¼ TL getrockneter Thymian

½ TL gemahlener Kreuzkümmel

½ TL gemahlener Koriander

¼ TL gemahlene Kurkuma

¼ TL gemahlener Kardamom

2 Msp. gemahlener Piment

¼ TL edelsüßes Paprikapulver

¼ TL Chilipulver – Salz – Pfeffer

1 EL kalte Butter

SO GEHT'S

1 Hähnchenfleisch trocken tupfen und längs in 4 etwa gleichmäßig dicke Scheiben schneiden. Knoblauch schälen und durchpressen, Ingwer schälen und sehr fein hacken. Beides mit Zitronensaft, Joghurt, Thymian und den gemahlenen Gewürzen verrühren, salzen und pfeffern. Das Hähnchenfleisch gründlich darin wenden und zugedeckt im Kühlschrank 6–12 Stunden (über Nacht) marinieren.

2 Am nächsten Tag den Backofen auf 225 °C (Ober-/Unterhitze) vorheizen, dabei ein Blech miterhitzen (oben). Das Fleisch samt Marinade auf das heiße Blech geben, leicht salzen. Im heißen Ofen (unten) 12–15 Minuten garen; zwischendurch einmal wenden. Währenddessen Butter in Flöckchen schneiden. Den Grill zuschalten. Butterflöckchen auf dem Fleisch verteilen und nochmals 3–5 Minuten grillen, bis das Fleisch gebräunt ist.

3 Das Fleisch aus dem Ofen nehmen, kurz ruhen lassen, dann in Scheiben schneiden und auf einer Bowl anrichten.

 TIPP

Wer Hähnchenbrustfilets mit Haut (ohne Knochen) oder entbeinte Hähnchenkeulen bekommt, sollte zugreifen. Das Fleisch ganz lassen und ebenfalls rundum mit der Marinade bestreichen. Wie beschrieben, zuerst mit der Hautseite nach unten garen, dann wenden und die Haut in weiteren 6–8 Minuten knusprig braun grillen.

PULLED-LAMB-SHAWARMA

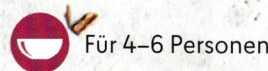 Für 4–6 Personen

ZUTATEN

1,2 kg Lammschulter (oder Keule
    ohne Knochen, mit Fett)

2 Knoblauchzehen

1 EL gemahlener Kreuzkümmel

¾ EL gemahlener Koriander

1 TL Sumach (s. S. 11)

2 TL edelsüßes Paprikapulver

1 TL gemahlener Kardamom

⅓–½ TL Chilipulver

⅓ TL gemahlener Piment

⅓ TL gemahlener Ingwer

⅓ TL gemahlener Zimt

1 EL Honig

Salz – Pfeffer

3 EL Zitronensaft

4 EL Olivenöl

1 große Zwiebel

Saft von 1 Orange

150–200 ml Lammfond
    (aus dem Glas)

SO GEHT'S

1 Am Vortag das Lammfleisch kalt abspülen und trocken tupfen; äußeres Fett bis auf eine etwa 3 mm dünne Schicht abschneiden. Knoblauch schälen und durchpressen. Mit den gemahlenen Gewürzen, Honig, ¾ TL Salz und reichlich Pfeffer, Zitronensaft und Olivenöl verrühren. Das Fleisch mit dieser Gewürzpaste bestreichen und leicht einmassieren. Fleisch in einen verschließbaren Gefrierbeutel geben und 12 Stunden (über Nacht) im Kühlschrank marinieren.

2 Am nächsten Tag den Backofen auf 160 °C (Ober-/Unterhitze) vorheizen. Die Zwiebel schälen, längs halbieren und quer in dünne Ringe schneiden. Zwei Drittel davon in einem (gusseisernen) Bräter verteilen, das Fleisch mit der Fettseite nach oben darauflegen, dabei die Marinade nochmal gut auf dem Fleisch verstreichen. Die übrige Zwiebel obenauf verteilen bzw. an den Seiten dazugeben. Orangensaft und gut die Hälfte des Fonds seitlich angießen. Den Bräter mit dem Deckel verschließen und das Fleisch im heißen Ofen (unten) gut 2 Stunden garen.

3 Den Deckel abnehmen und das Fleisch 60–90 Minuten weitergaren, dabei 3- bis 4-mal mit der ausgetretenen Garflüssigkeit begießen; sollte diese sehr stark einkochen, nochmals etwas Fond zugeben.

4 Den Bräter aus dem Ofen nehmen. Fleisch aus der Garflüssigkeit heben und in Alufolie einschlagen, 15–20 Minuten ruhen lassen. Inzwischen die Garflüssigkeit samt Zwiebeln dick einkochen lassen – es sollten nur ein paar Esslöffel übrig bleiben – und warm halten. Fleisch mithilfe von zwei Gabeln längs zerfasern, in die Sauce geben, alles mischen und nochmals erhitzen.

HÄHNCHEN-SHAWARMA-BOWL

ZUTATEN

FÜR DEN HUMMUS

1 Glas Kichererbsen
  (400 ml Füllgewicht)

1 Knoblauchzehe

1 Zitrone – ½ Orange

1½ EL Tahin (s. S. 9) – 4 EL Olivenöl

½ TL gemahlener Kreuzkümmel

je ⅓ TL gemahlene Kurkuma und
  edelsüßes Paprikapulver

2–3 Msp. Chilipulver

Salz – Pfeffer

FÜR DEN ROTKOHL

150 g Rotkohl – Salz

½ Orange – 1 TL Weißweinessig

1 EL Olivenöl

2 Msp. gemahlener Zimt

2 Msp. Piment – Pfeffer

AUSSERDEM

Hähnchen-Shawarma (s. S. 106)

100 g bunte Quinoa (s. Tipp S. 25)

1 Minigurke

1 kleine orangene Paprikaschote

100 g Schafskäse (Feta)

Eingelegte Zwiebeln (s. S. 16)

SO GEHT'S

1 Am Vortag für das Hähnchen-Shawarma das Fleisch marinieren, wie auf S. 106 beschrieben, über Nacht ziehen lassen und 1 Stunde vor der Zubereitung aus dem Kühlschrank nehmen.

2 Quinoa zubereiten und quellen lassen, wie auf S. 19 beschrieben. Für den Hummus Kichererbsen in ein Sieb abgießen, dabei das Einlegewasser auffangen. Knoblauch schälen und grob hacken. Zitrone und Orange auspressen. Orangensaft mit der Hälfte des Zitronensafts, Tahin, Öl, Kichererbsen, Knoblauch und den Gewürzen möglichst fein pürieren, dabei so viel von dem Einweichwasser zugeben, dass eine locker cremige Masse entsteht. Mit Salz und Pfeffer sowie eventuell nochmals Zitronensaft abschmecken.

3 Das marinierte Hähnchenfleisch im Ofen garen, wie auf S. 106 beschrieben. Währenddessen Rotkohl waschen, putzen und in dünne Streifen schneiden oder hobeln. Mit 1 Prise Salz mischen und kräftig durchkneten, bis er weich wird. Von der Orange die Schale samt weißer Haut wegschneiden, dabei den Saft auffangen. Das Fruchtfleisch in Scheiben schneiden, diese vierteln oder sechsteln, Kerne entfernen. Orangensaft mit Essig, Öl, Zimt und Piment verrühren und mit dem Kohl mischen. Salzen und pfeffern, dann die Orangenstücke unterheben.

4 Die Gurke schälen und in Scheiben schneiden. die Paprika halbieren, putzen, waschen und längs in schmale Streifen schneiden. Den Schafskäse fein zerbröckeln.

5 Den Hummus auf zwei flachen Schalen ausstreichen. Hähnchenfleisch in Scheiben schneiden. Quinoa auf den Hummus geben, darauf Rotkohl, Hähnchenfleisch, Paprika, Gurke und eingelegte Zwiebeln anrichten. Mit Schafskäse bestreuen.

HÄHNCHEN-FEIGEN-BOWL

ZUTATEN

FÜR DAS MARINIERTE HÄHNCHENFLEISCH & DAS DRESSING

250 g Hähnchenbrustfilet

½ Bund Koriandergrün

2 Stängel Minze

1 Knoblauchzehe

½ Bio-Zitrone

150 g griechischer Joghurt (10 % Fett)

1 EL Harissa (s. S. 10)

Salz – Pfeffer

1 EL Olivenöl

⅓ TL gemahlener Koriander

⅓ TL Honig

1 EL Butter

AUSSERDEM

1 Bund Rucola

3 reife frische Feigen

2 Tomaten

1 rote Spitzpaprika

½ Bund Koriandergrün

4 Stängel Basilikum

120 g Couscous

1 TL Schwarzkümmel

SO GEHT'S

1 Das Fleisch trocken tupfen und in 3 gleichmäßig dicke Streifen schneiden. Für Marinade und Dressing das Koriandergrün und die Minze waschen, trocken schütteln, die Blättchen abzupfen. Knoblauch schälen und grob zerkleinern. Zitrone heiß waschen und abtrocknen, die Schale fein abreiben, den Saft auspressen.

2 Koriandergrün mit Knoblauch, Zitronenschale, 1 EL Zitronensaft, 100 g Joghurt und Harissa fein pürieren, salzen und pfeffern. 3–4 EL von der Mischung abnehmen und mit übrigem Joghurt zu einer cremig-dicken Marinade verrühren, mit Öl und gemahlenem Koriander, Salz und Pfeffer würzen. Hähnchenfleisch darin wenden und zugedeckt mindestens 1 Stunde (oder über Nacht) im Kühlschrank marinieren. Das übrige Dressing mit Honig und etwas Zitronensaft säuerlich abschmecken (falls nötig, über Nacht mit Folie abgedeckt im Kühlschrank kühl stellen).

3 Rucola waschen, von groben Stielen befreien und trocken schleudern. Feigen waschen, putzen und quer in Scheiben schneiden. Tomaten waschen, halbieren und in Würfel schneiden; dabei den Stielansatz entfernen. Paprika halbieren, putzen, waschen und in kleine Würfel schneiden. Koriandergrün und Basilikum waschen, trocken schütteln, Blättchen abzupfen und grob zerzupfen.

4 Den Backofengrill vorheizen, währenddessen Couscous zubereiten und quellen lassen, wie auf S. 18 beschrieben. Hähnchenfleisch nochmals gut in der Marinade wenden, auf einen Backrost legen und in den Ofen schieben (oben); ein Blech als Tropfschutz direkt darunterschieben. Das Fleisch 12–15 Minuten grillen; gegen Ende der Garzeit, wenn es leicht zu bräunen beginnt, mit Butterflöckchen belegen. Herausnehmen, kurz ruhen lassen, dann in Scheiben schneiden.

5 Couscous auf zwei Schalen verteilen. Das Fleisch in der Mitte anrichten, Rucola, Tomaten, Paprika und Feigen außenherum verteilen. Alles mit Dressing überträufeln und mit Koriandergrün, Basilikum und Schwarzkümmel bestreuen.

30 MINUTEN (+ 1 STUNDE MARINIEREN)

ARABIC-CHICKENLIVER-BOWL

ZUTATEN

FÜR DIE LEBER

300 g Hähnchen- oder
   Geflügellebern

2 EL Olivenöl

1 TL Butter

Salz – Pfeffer

2 EL Granatapfelmelasse (s. S. 9)

FÜR DIE OFENTRAUBEN

250 g rote bzw. blaue kernlose
   Weintrauben

2 Zweige Thymian

1 TL Zucker

Salz – Pfeffer

AUSSERDEM

1 große Fenchelknolle

½ Bio-Zitrone – Salz

2½ EL Olivenöl – Pfeffer

30 g Pistazienkerne

4 Stängel Minze

6 Radieschen

1 kleines Romanasalatherz

120 g Couscous

4 EL Granatapfelkerne

1 TL Schwarzkümmel

SO GEHT'S

1 Backofen auf 150 °C (Ober-/Unterhitze) vorheizen, Blech mit Backpapier auslegen. Für die Ofentrauben die Trauben waschen und von den Stielen zupfen. Thymian waschen und trocken schütteln, Blättchen abzupfen und fein hacken. Mit Zucker, 3 Prisen Salz, Pfeffer und 1 EL Wasser verrühren, mit den Trauben vermengen. Trauben auf dem Backblech im heißen Ofen (Mitte) etwa 1 Stunde garen, bis sie weich und leicht schrumpelig sind. Lauwarm abkühlen lassen.

2 Inzwischen den Fenchel waschen und putzen. Fenchelgrün beiseitelegen, die Knolle längs halbieren und die Hälften in schmale Scheiben hobeln. Zitrone heiß waschen und abtrocknen, die Schale abreiben und den Saft auspressen. Fenchel mit 2 EL Zitronensaft und knapp ¼ TL Salz mischen, leicht durchkneten. Öl und Zitronenschale untermischen, pfeffern, durchziehen lassen.

3 Pistazien ohne Fett hellbraun und duftig rösten, abkühlen lassen und grob hacken. Minze waschen und trocken schütteln, Blättchen abzupfen, mit Fenchelgrün grob zerschneiden. Radieschen waschen, putzen, in Scheiben schneiden. Salat waschen, in Blätter teilen, trocken schleudern, quer in Streifen schneiden. Couscous zubereiten und quellen lassen, wie auf S. 18 beschrieben.

4 Lebern von Häutchen und Sehnen befreien, in etwa gleich große, mundgerechte Stücke schneiden. Öl mit Butter in einer Pfanne erhitzen, die Lebern darin bei mittlerer Hitze in etwa 5 Minuten leicht braun braten – sie sollten innen noch etwas rosa sein. Salzen und pfeffern, die Granatapfelmelasse unterrühren und 1–2 Minuten bei schwacher Hitze unter Rühren braten. Vom Herd nehmen, gegebenenfalls warm halten.

5 Couscous auf zwei Schalen verteilen. Salat, Radieschen, Fenchel, jeweils die Hälfte Minze und Fenchelgrün mischen, mit Zitronensaft, Salz und Pfeffer abschmecken, an der Seite anrichten. Trauben auf dem Couscous verteilen. Lebern in die Mitte setzen, mit Bratensatz beträufeln. Mit Granatapfelkernen, übriger Minze und Fenchelgrün, Pistazien und Schwarzkümmel bestreuen.

MAGHREB-CHICKEN-BOWL

ZUTATEN

FÜR DIE SÜSSKARTOFFEL-FRIES

1 große Süßkartoffel

1 TL Speisestärke

½ TL edelsüßes Paprikapulver

½ TL gemahlener Kreuzkümmel

1 TL Olivenöl – Salz

FÜR DAS DRESSING

200 g Joghurt (3,5 % Fett)

2 EL Tahin (s. S. 9)

½ Knoblauchzehe

½ TL getrocknete Minze

Salz – Pfeffer

FÜR DAS FLEISCH

300 g Hähnchenbrustfilet

1 Zwiebel – 1 Knoblauchzehe

3 EL Olivenöl – 1 EL Zitronensaft

1 TL Honig – 1 TL Ras el Hanout

¼ TL Chilipulver – Salz

AUSSERDEM

1 Minigurke – 2 Eiertomaten

100 g Schafskäse (Feta)

1 kleine Avocado

1 TL Zitronensaft

120 g Couscous

SO GEHT'S

1 Für die Fries die Süßkartoffel schälen und in etwa 4 mm dicke, längliche „Fritten" schneiden, diese in eine Schüssel mit kaltem Wasser geben und 1 Stunde darin liegen lassen. Herausnehmen und gründlich trocken tupfen.

2 Währenddessen das Hähnchenfleisch in kleine mundgerechte Stücke schneiden. Zwiebel schälen und in dünne Streifen schneiden. Knoblauch schälen und in eine Schüssel pressen, Öl dazugeben. Mit Zitronensaft, Honig, Gewürzen und knapp ¼ TL Salz verrühren. Hähnchenfleisch und Zwiebel damit vermengen und ziehen lassen.

3 Den Backofen auf 225 °C (Ober-/Unterhitze oder noch besser: 200 °C Umluft) vorheizen, ein Blech mit Backpapier auslegen. Stärke mit den Gewürzen mischen und die Fries gründlich darin wälzen. Mit etwas Öl beträufeln, nochmals alles vermengen, auf das Blech legen und im heißen Ofen (Mitte) 10–15 Minuten backen, dann wenden und weitere 15–20 Minuten backen.

4 Inzwischen für das Dressing Joghurt mit Tahin glatt verrühren, Knoblauch schälen und dazupressen. Minze zwischen den Fingern zerreiben, unter das Dressing rühren, salzen und pfeffern.

5 Gurke und Tomaten waschen, beides quer in dünne Scheiben schneiden. Schafskäse zerbröckeln. Avocado halbieren, Kern und Schale entfernen. Fruchtfleisch in Würfel schneiden und sofort mit Zitronensaft vermengen, damit es nicht braun wird.

6 Couscous zubereiten und quellen lassen, wie auf S. 18 beschrieben. Übriges Öl in einer beschichteten Pfanne erhitzen, Fleisch samt Zwiebeln zugeben und bei starker Hitze etwa 8 Minuten unter Rühren braten. Mit Salz und Pfeffer abschmecken.

7 Couscous auf zwei Schalen verteilen. Fleisch, Tomaten, Süßkartoffel-Fries, Gurke, Avocado und Dressing darauf anrichten (wer will, reicht das Dressing dazu). Mit Schafskäse bestreuen.

50 MINUTEN (+ 1 STUNDE RUHEN)

PERSIAN-RICE-CHICKEN-BOWL

ZUTATEN

FÜR DAS MARINIERTE FLEISCH

350 g Hähnchenbrustfilet

2 TL Baharat (s. S. 13)

½ TL edelsüßes Paprikapulver

½ TL gemahlener Kreuzkümmel

3 EL griechischer Joghurt (10 % Fett)

2 EL Olivenöl

Salz – Pfeffer

1 EL kalte Butter

FÜR DEN REIS

1 EL Butter

120 g Reis

2 EL getrocknete Sauerkirschen

Salz

1 Briefchen Safran (à 0,1 g)

2 EL Pistazienkerne

3 EL Mandelblättchen

AUSSERDEM

2 Möhren

½ Granatapfel

6 Stängel Dill

½ Bund Petersilie

150 g griechischer Joghurt (10 % Fett)

Salz – Pfeffer

SO GEHT'S

1 Für das marinierte Fleisch die Hähnchenbrust trocken tupfen und in 3 etwa gleichmäßig dicke Streifen schneiden. Gewürze mit Joghurt und Olivenöl verrühren, mit ¼ TL Salz und Pfeffer würzen. Hähnchenfleisch darin wenden und zugedeckt mindestens 1 Stunde (oder über Nacht) im Kühlschrank marinieren.

2 Für den Reis 225 ml Wasser aufkochen. Butter in einem Topf zerlassen, Reis zugeben und unter Rühren kurz andünsten, dann das heiße Wasser zugießen. Kirschen und ⅓ TL Salz unterrühren, zugedeckt bei schwacher Hitze 15 Minuten garen. Inzwischen Safran mit 3 EL (kochend) heißem Wasser verrühren und ziehen lassen. Pistazien und Mandeln in einer Pfanne ohne Fett rösten, bis sie bräunen und duften. Herausnehmen, abkühlen lassen.

3 Möhren schälen und grob raspeln. Kerne aus dem Granatapfel herauslösen. Dill und Petersilie waschen und trocken schütteln, Blättchen bzw. Spitzen abzupfen und getrennt fein hacken. 1 EL Dill unter den Joghurt mischen, salzen und pfeffern.

4 Backofengrill vorheizen, Hähnchenfleisch noch einmal gut in der Marinade wenden, auf einen Backrost legen und in den Ofen schieben (oben); ein Blech als Tropfschutz direkt darunterschieben. Das Fleisch 12–15 Minuten grillen; gegen Ende der Garzeit, wenn es leicht bräunt, mit Butterflöckchen belegen. Herausnehmen, kurz ruhen lassen, dann in Scheiben schneiden.

5 Währenddessen den Reistopf vom Herd nehmen, das Safranwasser teelöffelweise zügig über den Reis geben. Topf wieder verschließen und 10 Minuten auf der ausgeschalteten warmen Herdplatte durchziehen lassen. Anschließend einen Großteil von Petersilie, Dill, den Mandelblättchen und den Pistazien unter den Reis heben. Alles mit einer Gabel auflockern.

6 Reis auf zwei Schalen verteilen, Joghurt, Hähnchenfleisch, Möhre und Granatapfelkerne darauf verteilen. Alles mit den übrigen Pistazien, Mandelblättchen und Kräutern bestreuen.

DUFTIGE SAFRANHUHN-BOWL

ZUTATEN

FÜR DAS SAFRANHUHN

300 g Hähnchenbrustfilet

1 Briefchen Safran (à 0,1 g)

1 Knoblauchzehe

2 Stängel Estragon

2 EL Olivenöl, plus etwas mehr
   zum Braten

Salz – Pfeffer

FÜR DEN MÖHRENSALAT

40 g Korinthen

2 dicke Möhren

2 (Blut-)Orangen

2 EL Zitronensaft – 1 EL Honig

¼ TL gemahlener Zimt

1½ EL Orangenblütenwasser
   (nach Belieben)

2 EL Olivenöl

Salz – Pfeffer

AUSSERDEM

125 g Reis

1 kleine rote Zwiebel

1 reife Avocado

1 TL Zitronensaft

150 g Brunnenkresse
   (alternativ 1 Bund Rucola)

20 g Mandelstifte

⅓ Bund Koriandergrün

Eingelegte Radieschen (s. S. 17)

SO GEHT'S

1 Fleisch in dickere Streifen schneiden. Safran in eine Schüssel bröseln und mit 1–2 EL kochendem Wasser übergießen, 15 Minuten ziehen lassen. Knoblauch schälen und dazupressen. Estragon waschen und trocken schütteln, Blättchen abzupfen, fein hacken und dazugeben. Öl darunterschlagen, mit ½ TL Salz und Pfeffer würzen. Das Fleisch gründlich in der Marinade wenden und 1–2 Stunden zugedeckt im Kühlschrank darin ziehen lassen.

2 Reis zubereiten und quellen lassen, wie auf S. 19 beschrieben. Für den Möhrensalat Korinthen mit kochendem Wasser übergießen, 20 Minuten ziehen lassen, dann abgießen und abtropfen lassen. Möhren schälen, putzen und grob raspeln. Von den Orangen die Haut samt Schale abschneiden, dann die Filets herausschneiden, dabei den Saft auffangen. Zitronensaft, Honig, Zimt und Orangenblütenwasser verrühren, das Öl kräftig darunterschlagen, salzen und pfeffern. Dressing mit den Möhren und der Hälfte der Orangenfilets vermengen, den Orangensaft unterrühren. Die übrigen Orangenfilets in Stückchen schneiden.

3 Zwiebel schälen und längs halbieren, die Hälften in schmale Streifen schneiden. Avocado halbieren, Kern und Schale entfernen. Fruchtfleisch längs in Spalten schneiden und sofort mit Zitronensaft beträufeln, damit es nicht braun wird. Brunnenkresse waschen, trocken schütteln, die Blättchen von den harten Stielen zupfen (alternativ Rucola waschen und trocken schütteln, grobe Stiele entfernen, Blätter kleiner zupfen). Mandeln in einer beschichteten Pfanne ohne Fett rösten, bis sie leicht bräunen. Herausnehmen. Pfanne erneut mit Öl erhitzen, darin bei mittlerer bis starker Hitze das Fleisch rundum in 6–8 Minuten braten.

4 Die Hälfte der Korinthen unter den Möhrensalat heben, mit Salz, Pfeffer und Zitronensaft abschmecken. Koriandergrün waschen, trocken schütteln, Blättchen abzupfen, grob hacken. Reis auf zwei Schalen verteilen, Möhrensalat, Orangenstücke, Avocado, Brunnenkresse, Radieschen, Zwiebel und Hähnchen darauf anrichten. Mit Koriandergrün und Mandelstiften bestreuen.

40 MINUTEN (+ 2 STUNDEN MARINIEREN)

BABA-GANOUSH-HÄHNCHEN-BOWL

ZUTATEN

FÜR DIE BABA GANOUSH

2 Auberginen (ca. 450 g)

1 kleine Knoblauchzehe

5 Stängel glatte Petersilie

3 EL frisch gepresster Zitronensaft

2 EL Tahin (s. S. 9)

½ TL gemahlener Kreuzkümmel

2 Msp. Chilipulver

Salz – Pfeffer

FÜR DIE HÄHNCHENSPIESSE

300 g Hähnchenbrustfilet

½ Bio-Zitrone

¼ TL getrockneter Oregano

3 EL Olivenöl

Salz – Pfeffer

AUSSERDEM

100 g Bulgur

4 Radieschen – 1 Minigurke

1 Handvoll Babyleaves (Pflücksalat)

1 kleine rote Zwiebel

1½ EL Sumach (s. S. 11)

3 Stängel Minze

1 TL Schwarzkümmel

SO GEHT'S

1 Für die Baba Ganoush den Backofengrill vorheizen. Auberginen waschen, mit einer Gabel ringsum tief einstechen. Auf einem Blech unter dem Grill (oben) 45–60 Minuten grillen; alle 15 Minuten wenden – am Ende sollte das Innere sehr weich, die Schale eingefallen, trocken und etwas verbrannt sein.

2 Für die Spieße das Fleisch in kleine Stücke (3 x 1 cm) schneiden. Zitrone heiß waschen, abtrocknen, Schale abreiben und 1 EL Saft auspressen, mit Oregano und Öl verrühren, salzen, pfeffern. Fleisch darin 1 Stunde zugedeckt im Kühlschrank marinieren.

3 Auberginen lauwarm abkühlen lassen, längs halbieren, Fruchtfleisch herauskratzen und in einem Sieb 20 Minuten abtropfen lassen. Grob hacken. Inzwischen Knoblauch schälen und durchpressen. Petersilie waschen, trocken schütteln, Blättchen abzupfen und fein hacken. Beides mit 2–3 TL Zitronensaft, Tahin und der Aubergine verrühren. Pikant mit Kreuzkümmel, Chili, Salz und Pfeffer würzen. Eventuell erneut mit Zitronensaft abschmecken, möglichst 1 Stunde im Kühlschrank durchkühlen lassen.

4 Bulgur zubereiten und quellen lassen, wie auf S. 19 beschrieben. Radieschen und Gurke waschen, putzen, in Scheiben schneiden. Salat waschen, verlesen, trocken schleudern. Zwiebel schälen, quer in Ringe schneiden, diese auseinanderdrücken, in Sumach wälzen. Minze waschen, trocken schütteln, Blättchen abzupfen und grob zerschneiden. Fleisch nochmals gut in der Marinade wälzen, dann auf sechs Spieße stecken. Eine Grillpfanne stark erhitzen, Spieße darin bei mittlerer bis starker Hitze ringsum in 5–6 Minuten braun braten. Kurz in der Pfanne nachziehen lassen.

5 Bulgur auf zwei Schalen verteilen. Darauf Blattsalat, Gurke, Radieschen, Baba Ganoush und einen Teil der Zwiebelringe anrichten. Spieße darauflegen, mit übrigen Zwiebelringen und Minze garnieren. Mit Schwarzkümmel bestreuen.

1 STUNDE 15 MINUTEN
(+ 1–2 STUNDEN MARINIEREN UND KÜHLEN)

BOHNENCREME-
MERGUEZ-BOWL

ZUTATEN

FÜR DIE AUBERGINEN

2 Auberginen

3 Knoblauchzehen – 4 EL Olivenöl

½ TL Harissa (s. S. 10)

Salz – Pfeffer

1 TL Weißweinessig

FÜR DIE BOHNENCREME

1 Dose weiße Bohnen
   (400 g Füllgewicht)

1 Knoblauchzehe – 4 EL Olivenöl

1 TL Tomatenmark

¾ TL Harissa (s. S. 10)

¼ TL getrockneter Oregano

Salz – Pfeffer

3 Spritzer Zitronensaft

AUSSERDEM

1 kleine gelbe Paprikaschote

1 Stange Staudensellerie

1 Minigurke – ½ Bund Petersilie

je 2 Stängel Minze und Basilikum

120 g Couscous

Olivenöl zum Braten

4 Merguez (scharf gewürzte
   Bratwürste, s. Tipp)

SO GEHT'S

1 Backofen auf 220 °C (Ober-/Unterhitze) vorheizen, ein Blech mit Backpapier auslegen. Auberginen waschen, putzen und in 2 cm große Stücke schneiden. Knoblauch schälen und quer in Scheiben schneiden. Olivenöl mit Harissa verrühren, salzen und pfeffern. Knoblauch und Auberginen darin wälzen und auf dem Backblech verteilen. Im heißen Ofen (Mitte) 30–35 Minuten garen. Herausnehmen, kurz abkühlen lassen und mit Essig würzen.

2 Für die Bohnencreme die Bohnen in ein Sieb abgießen, dabei das Einlegewasser auffangen. Knoblauch schälen und fein hacken. In einer Pfanne 2 EL Olivenöl erhitzen, den Knoblauch darin andünsten. Tomatenmark zugeben und kurz anrösten, dann Bohnen zugeben und mit Harissa, Oregano, Salz und Pfeffer würzen. 100 ml Einlegewasser unterrühren, 5 Minuten bei schwacher Hitze köcheln, bis die Flüssigkeit weitgehend verkocht ist. Bohnenmasse fein pürieren, dabei übriges Olivenöl und so viel Einweichwasser zugeben, bis ein cremiges Püree entstanden ist. Mit Salz, Pfeffer und Zitronensaft abschmecken.

3 Paprika halbieren, putzen, waschen und in kleine Würfel schneiden. Sellerie waschen, putzen und in dünne Scheiben schneiden. Gurke waschen, putzen und in kleine Würfel schneiden. Kräuter waschen und trocken schütteln, die Blättchen abzupfen und grob hacken; ein Drittel davon mit dem Gemüse mischen.

4 Couscous zubereiten und quellen lassen, wie auf S. 18 beschrieben. In einer Bratpfanne Öl erhitzen, darin die Merguez etwa 10 Minuten bei mittlerer Hitze braten, anschließend nach Wunsch in Stücke schneiden. Bohnencreme auf zwei flachen Schalen ausstreichen. Couscous, Auberginen und das Gemüse darauf verteilen. Merguez daraufgeben, alles mit den übrigen Kräutern bestreuen.

! TIPP

Merguez, scharf gewürzte rote Lamm- oder Rinderbratwürste, stammen aus Marokko, sind aber inzwischen auch hierzulande verbreitet. Wer keine bekommt, nimmt türkische Knoblauchwurst (Sucuk), schneidet sie in Scheiben und brät sie kräftig.

45 MINUTEN

HOT-PEPPER-STEAK-BOWL

ZUTATEN

FÜR DAS FLEISCH

2 Rinderhüftsteaks (à ca. 150 g)

½ Knoblauchzehe

1 TL getrocknete Minze

¾ TL gemahlener Kreuzkümmel

2 EL Olivenöl – Salz – Pfeffer

30 g Butter

¾ TL edelsüßes Paprikapulver

¼ TL Chiliflocken

FÜR DIE PAPRIKASCHOTEN

je 1 rote und gelbe Paprikaschote

½ Knoblauchzehe

2 Zweige Thymian

Olivenöl zum Braten – 1 EL Honig

½ TL gemahlener Kreuzkümmel

¾–1 TL Pimentón de la vera (s. S. 10)

Salz – Pfeffer – 1 EL Zitronensaft

AUSSERDEM

100 g Bulgur

150 g gelbe und rote Kirschtomaten

2 Frühlingszwiebeln

½ Bund Koriandergrün

2 Stängel Minze

300 g griechischer Joghurt
   (10 % Fett)

Chiliflocken (nach Belieben)

SO GEHT'S

1 Bulgur zubereiten und quellen lassen, wie auf S. 19 beschrieben. Steaks trocken tupfen. Knoblauch schälen und durchpressen, mit ½ TL getrockneter Minze, Kreuzkümmel und Öl verrühren. Steaks im Würzöl wenden, 15–20 Minuten durchziehen lassen.

2 Tomaten waschen und halbieren. Frühlingszwiebeln waschen, putzen, samt Grün in dickere Ringe schneiden. Koriandergrün und Minze waschen, trocken schütteln, getrennt grob hacken.

3 Paprika längs halbieren, putzen, waschen und quer in schmale Streifen schneiden. Knoblauch schälen und fein hacken. Thymian waschen, trocken schütteln, Blättchen abzupfen und grob hacken. In einer Pfanne ausreichend Öl stark erhitzen. Paprika darin anbraten, bis sie leicht bräunen. Die Hitze reduzieren, Knoblauch und Thymian zugeben und kurz mitdünsten. Honig zugeben, alles unter Rühren 3 Minuten bei mittlerer Hitze braten. Mit Kreuzkümmel, Pimentón de la vera, Salz und Pfeffer würzen. 3–4 EL Wasser unterrühren und zugedeckt 8–10 Minuten dünsten, bis die Paprikaschoten weich sind, aber noch leicht Biss haben; gegebenenfalls nochmals wenig Wasser zugeben. Mit Zitronensaft ablöschen, offen weitere 2–3 Minuten garen.

4 Den Ofen auf 160 °C (Ober-/Unterhitze) vorheizen. Steaks salzen und pfeffern. Eine Pfanne erhitzen, Steaks darin bei starker Hitze beidseitig je 1 Minute anbraten. Herausnehmen, in einer ofenfesten Form im heißen Ofen (Mitte) weitere 8 Minuten garen. Inzwischen die Butter in der Pfanne aufschäumen lassen. Vom Herd nehmen, Paprikapulver und Chiliflocken unterrühren, warm halten. Steaks aus dem Ofen nehmen, kurz ruhen lassen, in Streifen schneiden.

5 Die Hälfte des Koriandergrüns und der Frühlingszwiebeln unter die Paprika rühren. Joghurt glatt rühren, leicht salzen, auf zwei flachen Schalen ausstreichen. Bulgur in die Mitte geben, Paprika, Tomaten und Fleisch daraufgeben. Vor allem den Joghurtrand mit Paprikabutter beträufeln. Mit Minze, Koriandergrün, Frühlingszwiebeln und nach Wunsch Chiliflocken bestreuen.

HOT-STEAK-BOWL

ZUTATEN

FÜR DAS FLEISCH

2 Rinderfiletsteaks (à 150 g)

1 Knoblauchzehe

1½ EL Olivenöl

½ TL getrockneter Thymian

1 EL Harissa (s. S. 10)

½ TL Honig

Salz – Pfeffer

FÜR DAS DRESSING

4 EL weißes Mandelmus

⅓ TL getrockneter Thymian

2–3 EL Zitronensaft

¼ TL Pimentón de la vera (s. S. 10)

Salz – Pfeffer

AUSSERDEM

1½ EL getrocknete Sauerkirschen

300 g Spitzkohl

1 Möhre

30 g Rauchmandeln
 (Fertigprodukt)

1 Stange Staudensellerie

½ Bund Koriandergrün

120 g Couscous

Salz – Pfeffer

**Eingelegte Zwiebeln
 (s. S. 16, nach Belieben)**

SO GEHT'S

1 Für das Fleisch Steaks trocken tupfen. Knoblauch schälen, in eine Schüssel pressen, Olivenöl zugeben. Mit Thymian, Harissa und Honig glatt rühren, salzen und pfeffern. Fleisch in der Marinade wenden, 3 Stunden zugedeckt im Kühlschrank durchziehen lassen; 1 Stunde vor dem Garen herausnehmen.

2 Kirschen klein hacken. Kohl waschen und putzen, vom Strunk befreien, in feine Streifen schneiden. Möhre putzen, schälen und grob raspeln. Kohl in einer Schüssel leicht salzen; durchkneten, bis er weich ist und Wasser austritt. Mit Kirschen und Möhre mischen, fest zusammendrücken, im Kühlschrank 1 Stunde Wasser ziehen lassen. Gut ausdrücken, auseinanderzupfen.

3 Für das Dressing Mandelmus mit 4 EL möglichst kaltem Wasser, Thymian, 2 EL Zitronensaft und Pimentón de la vera in ein Mixgefäß geben. Mit dem Pürierstab fein pürieren; je nach gewünschter Konsistenz nochmals 2–3 EL kaltes Wasser untermixen. Mit Salz und Pfeffer abschmecken.

4 Rauchmandeln grob hacken. Sellerie waschen, putzen, in dünne Scheiben schneiden, das Grün grob hacken. Koriandergrün waschen, trocken schütteln, Blättchen abzupfen und fein hacken.

5 Ofen auf 180 °C (Ober-/Unterhitze) vorheizen, ofenfeste Grillpfanne stark erhitzen. Steaks erneut in der Marinade wenden, in der heißen Pfanne beidseitig je 2–3 Minuten anbraten. Steaks mit Marinade beträufeln, Pfanne in den Ofen (unten) stellen, Steaks in 8–10 Minuten garen. Kurz ruhen lassen, in dünne Scheiben schneiden. Couscous zubereiten und quellen lassen, wie auf S. 18 beschrieben.

6 Couscous auf zwei Schalen verteilen. Sellerie und jeweils die Hälfte Sellerie- und Koriandergrün unter die Kohl-Möhren-Mischung heben, salzen, pfeffern, auf dem Couscous verteilen. Dressing darüber verteilen, das Fleisch darauflegen. Alles mit Rauchmandeln und übrigem Sellerie- und Koriandergrün bestreuen. Eingelegte Zwiebeln darauf verteilen oder dazureichen.

30 MINUTEN (+ 3 STUNDEN MARINIEREN)

BUNTE SHAWARMA-BOWL

ZUTATEN

FÜR DAS DRESSING

100 g griechischer Joghurt
 (10 % Fett)

2 EL Mayonnaise

1 TL Senf

1 TL Honig

Salz – Pfeffer

1 kleines Bund Petersilie

4 Stängel Dill

2 Stängel Estragon

FÜR DEN GEMÜSESALAT

300 g Spitzkohl (ca. ¼ Spitzkohl)

1 Möhre

1 Stange Staudensellerie

1 rote Spitzpaprika

4 große Blätter Radicchio

AUSSERDEM

120 g Couscous

**2 Portionen Pulled-Lamb-
 Shawarma (s. S. 107)**

4 EL Granatapfelkerne
 (nach Belieben)

SO GEHT'S

1 Für das Dressing Joghurt, Mayonnaise, Senf und Honig glatt verrühren, mit Salz und Pfeffer würzen. Die Kräuter waschen und trocken schütteln, Blättchen bzw. Spitzen getrennt nach Sorten abzupfen. Dill, Estragon und 2 EL Petersilienblättchen fein hacken und unter das Dressing heben. Übrige Petersilie grob zerzupfen.

2 Für den Gemüsesalat den Spitzkohl waschen, putzen und den Strunk keilförmig herausschneiden, dann den Kohl quer in schmale Streifen schneiden. Möhre schälen, putzen und auf dem Gemüsehobel in Stifte (Julienne) hobeln. Kohl und Möhre in eine Schüssel geben, leicht salzen und mit den Händen kräftig durchkneten, bis Flüssigkeit austritt und der Kohl weich und biegsam wird. Durchziehen lassen. Inzwischen den Sellerie waschen, Grün abzupfen und grob zerschneiden. Selleriestange längs dritteln, die Drittel quer in kleine Stücke schneiden. Paprika halbieren, putzen und waschen, die Hälften quer in dünne Streifen schneiden. Radicchio waschen und gut trocken schütteln, die Blätter übereinanderlegen und längs in etwa 4 mm dicke Streifen schneiden.

3 Couscous zubereiten und quellen lassen, wie auf S. 18 beschrieben. Aus Möhren und Kohl nochmals mit den Händen Flüssigkeit ausdrücken, dann locker auseinanderzupfen. Mit Sellerie, Paprika, Radicchio, jeweils der Hälfte Selleriegrün und Petersilie sowie dem Dressing mischen, eventuell kurz ziehen lassen.

4 Couscous auf zwei Schalen verteilen, den Gemüsesalat darauf anrichten und Shawarma daraufgeben. Alles mit übrigem Selleriegrün, übriger Petersilie und nach Belieben Granatapfelkernen bestreuen.

🕐 25 MINUTEN
(+ ZUBEREITUNGSZEIT PULLED-LAMB-SHAWARMA)

KOFTA-BOWL

ZUTATEN

FÜR DIE AUBERGINEN

3 Auberginen

2 Knoblauchzehen

½ Bund Petersilie

je 2 Stängel Basilikum und Minze

2 EL Zitronensaft – Salz – Pfeffer

2 Msp. Chilipulver (nach Belieben)

5–6 EL Olivenöl

FÜR DIE KOFTA

1 Zwiebel – 1 Knoblauchzehe

350 g Rinderhackfleisch

2 EL griechischer Joghurt
(10 % Fett)

2 TL Pul biber (türkische Paprika-flocken; s. S. 10)

½ TL getrockneter Oregano

Salz – Pfeffer

Olivenöl zum Braten

AUSSERDEM

100 g Bulgur

2 grüne türkische Spitzpaprika

2 große Tomaten

2 Stängel Minze

150 g griechischer Joghurt
(10 % Fett)

Eingelegte Zwiebeln (s. S. 16)

Pul biber zum Bestreuen (nach
Belieben)

SO GEHT'S

1 Den Backofengrill vorheizen. Die Auberginen waschen und mit einem spitzen Messer mehrmals ringsum tief einstechen, auf ein Blech legen und unter dem Grill (oben) 45 Minuten grillen, dabei nach jeweils 15 Minuten wenden, sodass sie ringsum fast anbrennen – am Ende sollte das Innere weich und die Schale trocken und leicht eingefallen sein. Auskühlen lassen, dann längs aufschneiden und das Fruchtfleisch mit einem Löffel in länglichen Streifen herauslösen. In ein Sieb geben und 30 Minuten abtropfen lassen.

2 Den Knoblauch schälen und durchdrücken. Kräuter waschen, trocken schütteln, Blättchen abzupfen und fein hacken. Knoblauch mit Zitronensaft mischen, kräftig salzen, pfeffern, nach Wunsch mit Chili würzen. Das Öl unterschlagen. Dressing mit Kräutern und Auberginenfruchtfleisch mischen, möglichst noch 45 Minuten ziehen lassen, mit Salz und Pfeffer abschmecken.

3 Bulgur zubereiten und quellen lassen, wie auf S. 19 beschrieben. Für die Kofta den Backofen auf 150 °C (Ober-/Unterhitze) vorheizen. Zwiebel und Knoblauch schälen und fein würfeln. Mit Hackfleisch, Joghurt, Pul biber und Oregano vermengen, mit Salz und Pfeffer würzen. Aus der Masse 8 gleich große Röllchen formen. In einer ofenfesten Pfanne ausreichend Öl erhitzen, darin die Kofta in 5 Minuten rundum bei mittlerer Hitze anbraten. Dann im heißen Ofen (Mitte) in 15 Minuten fertiggaren.

4 Währenddessen Paprika waschen und in Ringe schneiden, dabei Kerne, Trennwände und den Stielansatz entfernen. Tomaten waschen und klein würfeln, dabei den Stielansatz entfernen. Minze waschen, die Blättchen kleiner zupfen.

5 Bulgur auf zwei Schalen verteilen. Joghurt daraufgeben, die Kofta darauf verteilen und mit Bratöl beträufeln. Auberginen, Tomaten, Paprika und eingelegte Zwiebeln daneben anrichten. Alles mit Minze und nach Wunsch Pul biber bestreuen.

35 MINUTEN (+ 2 STUNDEN GAREN UND MARINIEREN)

LAMM-MINZE-BOWL

ZUTATEN

FÜR DAS HACKFLEISCH

1 kleine Zwiebel

2 Knoblauchzehen

Olivenöl zum Braten

350 g (nicht zu mageres)
  Lammhackfleisch

¾ TL gemahlener Zimt

½ TL gemahlener Piment

⅓ TL Chiliflocken

Salz – Pfeffer

FÜR DAS DRESSING

1 Knoblauchzehe

200 g griechischer Joghurt

1 TL getrocknete Minze

¼ TL getrockneter Oregano

2 EL Olivenöl – Salz – Pfeffer

AUSSERDEM

100 g Bulgur

1 Dose weiße Bohnen
  (ca. 240 g Abtropfgewicht)

1 rote Zwiebel

100 g Schafskäse (Feta)

150 g Kirschtomaten

1 Minigurke – 1 Bund Petersilie

5 Stängel Minze

10 kleine schwarze Oliven

1 EL Sumach (s. S. 11)

SO GEHT'S

1 Bulgur zubereiten und quellen lassen, wie auf S. 19 beschrieben. Bohnen in ein Sieb abgießen, kalt abbrausen und abtropfen lassen. Zwiebel schälen, längs halbieren und in schmale Streifen schneiden. Den Schafskäse grob zerbröckeln. Die Tomaten waschen und halbieren, die Gurke waschen, putzen und in Scheiben schneiden. Petersilie und Minze waschen und trocken schütteln, die Blättchen abzupfen und etwa die Hälfte feiner, die andere Hälfte gröber zerschneiden oder zerzupfen.

2 Für das Dressing Knoblauch schälen und in eine Schüssel pressen, Joghurt dazugeben. Minze, Oregano und Öl unterrühren, mit Salz und Pfeffer würzen.

3 Für das Hackfleisch Zwiebel und Knoblauch schälen und getrennt fein hacken. Ausreichend Öl in einer beschichteten Pfanne erhitzen, darin erst die Zwiebel langsam goldgelb andünsten, dann den Knoblauch zugeben und kurz mitdünsten. Hitze erhöhen, Lammhackfleisch zugeben und unter Rühren anbraten. Wenn es zu bräunen beginnt, Gewürze darüberstäuben, salzen, pfeffern und alles durch Rühren gut unterarbeiten. Weiterbraten, bis es krümelig und schön gebräunt ist. Vom Herd nehmen und die fein gehackten Kräuter untermischen. Kurz durchziehen lassen.

4 Bulgur auf zwei Schalen verteilen. Das Hackfleisch sowie Bohnen, Zwiebeln, Tomaten, Gurke, Schafskäse und Oliven darauf verteilen. Alles mit den übrigen, grob gehackten Kräutern sowie mit Sumach bestreuen. Das Dressing dazuservieren.

30 MINUTEN

AUBERGINEN-HACK-BOWL

ZUTATEN

FÜR AUBERGINEN & DRESSING

2 kleine, schlanke Auberginen

2 Knoblauchzehen

4 EL Olivenöl – Salz – Pfeffer

½ Briefchen Safran (à 0,1 g)

150 g griechischer Joghurt (10 % Fett)

2 EL Limettensaft

FÜR DAS HACKFLEISCH

1 kleine Zwiebel

1 Knoblauchzehe

½ Bund Petersilie

Olivenöl zum Braten

300 g Rinderhackfleisch

je ½ TL gemahlener Kreuzkümmel und gemahlener Piment

¼ TL gemahlener Zimt

3 Msp. Chilipulver

1 TL Tomatenmark – Salz – Pfeffer

AUSSERDEM

100 g Bulgur – 2 Tomaten

1 gute Handvoll Babyspinat

5 schwarze Oliven (ohne Stein)

½ Bund Petersilie

5 EL Granatapfelkerne

SO GEHT'S

1 Bulgur zubereiten und quellen lassen, wie auf S. 19 beschrieben. Backofen auf 220 °C (Ober-/Unterhitze) vorheizen, Blech mit Backpapier auslegen. Auberginen waschen, längs halbieren und auf der Schnittfläche mit diagonalen Linien (jeweils in etwa 1 cm Abstand zueinander und knapp 1 cm tief) ein kreuzförmiges Muster einschneiden. 1 Knoblauchzehe schälen, durchpressen und mit 2 EL Olivenöl verrühren. Die Auberginen mit der Schnittfläche nach oben auf das Backblech legen. Die Schnittflächen mit dem Knoblauchöl bepinseln, salzen und pfeffern. Im heißen Ofen (Mitte) in etwa 35 Minuten garen. Herausnehmen und leicht abkühlen lassen.

2 Safran mit 2 EL kochend heißem Wasser verrühren, 10 Minuten ziehen lassen, dann mit Joghurt, Limettensaft und übrigem Öl verrühren. Übrigen Knoblauch schälen und dazupressen, salzen und pfeffern.

3 Tomaten waschen, halbieren und klein würfeln; den Stielansatz entfernen. Spinat waschen, verlesen, trocken schleudern. Oliven halbieren oder vierteln. Petersilie waschen, trocken schütteln, Blättchen abzupfen und grob hacken.

4 Für das Hackfleisch Zwiebel und Knoblauch schälen und fein hacken. Petersilie waschen und trocken schütteln, Blättchen abzupfen und grob hacken. Reichlich Öl in einer Pfanne erhitzen, Zwiebel und Knoblauch darin bei mittlerer Hitze andünsten. Hackfleisch zugeben, bei starker Hitze krümelig braun anbraten, dabei mit einem Holzlöffel klein zerteilen und die Gewürze unterarbeiten. Tomatenmark unterrühren und kurz anrösten, salzen und pfeffern, mit 5–6 EL Wasser ablöschen. Bei schwacher Hitze 5–8 Minuten weitergaren – die Flüssigkeit sollte fast vollständig verdunsten. Petersilie unterrühren. Warm halten.

5 Bulgur auf zwei Schalen verteilen. Spinat, Tomaten, Oliven und je 2 Auberginenhälften daraufsetzen. Hackfleisch auf die Auberginen häufen, das Safran-Joghurt-Dressing daraufgeben. Mit Granatapfelkernen und Petersilie bestreuen.

45 MINUTEN

LAMMFILET-LABNEH-BOWL

ZUTATEN

FÜR DAS LAMM

300 g Lammfilet

1 Knoblauchzehe

2 Zweige Thymian

1 TL Senf

1 EL Olivenöl

Salz – Pfeffer

Öl zum Braten

FÜR DEN BLUMENKOHL

500 g Blumenkohl

¾ TL gemahlener Kreuzkümmel

½ TL gemahlener Koriander

½ TL edelsüßes Paprikapulver

¼ TL gemahlene Kurkuma

Salz – 2 EL Olivenöl

AUSSERDEM

100 g bunte Quinoa (s. Tipp S. 25)

20 g Pistazienkerne

20 g Pinienkerne

50 g rote Linsen – Salz

1 gute Handvoll Babyspinat

5 Stängel Minze

5 Stängel Dill

**1 Portion cremiger Labneh
(s. S. 20)**

4–5 EL Granatapfelkerne

SO GEHT'S

1 Quinoa zubereiten und quellen lassen, wie auf S. 19 beschrieben. Den Backofen auf 200 °C (Ober-/Unterhitze) vorheizen, ein Blech mit Backpapier auslegen. Den Blumenkohl waschen, putzen und in Röschen teilen. Die Gewürze und ¼ TL Salz mit dem Öl verrühren, den Blumenkohl gründlich darin wälzen und auf dem Backblech verteilen. Im heißen Ofen (Mitte) 25–30 Minuten garen.

2 Lammfilets trocken tupfen. Knoblauch schälen und fein hacken. Thymian waschen und trocken schütteln, die Blättchen abzupfen und fein hacken. Beides mit Senf und Öl verrühren, salzen und pfeffern. Die Lammfilets gleichmäßig dünn mit der Marinade einstreichen und durchziehen lassen.

3 Pistazien und Pinienkerne in einer Pfanne ohne Fett rösten, bis sie leicht bräunen und duften. Abkühlen lassen, dann grob hacken. Linsen in ein Sieb geben und gründlich kalt abbrausen. In einem Topf ausreichend Wasser erhitzen, salzen. Linsen darin zugedeckt bei mittlerer Hitze in 5–7 Minuten garen – sie sollten noch etwas Biss haben. In ein Sieb abgießen, abtropfen lassen.

4 Währenddessen den Spinat waschen, verlesen und trocken schleudern. Die Kräuter waschen und trocken schütteln, Blättchen bzw. Spitzen abzupfen und grob hacken.

5 Eine Grillpfanne stark erhitzen und dünn mit Öl auspinseln. Die Lammfilets darin rundum etwa 6 Minuten braten. Die Pfanne vom Herd nehmen, abdecken und das Fleisch darin 4–5 Minuten ziehen lassen.

6 Labneh auf zwei flachen Schalen ausstreichen. Die Quinoa mit den Linsen und einem guten Drittel der Kräuter mischen. Auf dem Labneh anrichten, ebenso wie Spinat und Blumenkohl. Das Fleisch in Scheiben schneiden und daneben anrichten. Alles mit Pistazien, Pinienkernen, Granatapfelkernen und übrigen Kräutern bestreuen.

KEBAB-BOWL

ZUTATEN

FÜR DIE FLEISCHSPIESSE

je 125 g Lamm- und Rinderhack-
    fleisch (alternativ 250 g nicht
    zu mageres Rinderhackfleisch)

30 g Pinienkerne – 1 Knoblauchzehe

½ TL gemahlener Kreuzkümmel

½ TL Pul biber (türkische
    Paprikaflocken; s. S. 10)

Salz – Pfeffer – Öl zum Braten

FÜR DEN ZWIEBELSALAT

1 rote Zwiebel

Saft von ½ Zitrone

1 TL Sumach (s. S. 11) – Salz

½ Bund Petersilie

FÜR DIE JOGHURTSAUCE

200 g griechischer Joghurt
    (10 % Fett)

2 EL Olivenöl

⅓ TL getrocknete Minze

¼ TL getrockneter Oregano

1 TL Pul biber – Salz – Pfeffer

AUSSERDEM

3 Tomaten

8 große Blätter Eisbergsalat

½ Bund Petersilie – 120 g Couscous

Pul biber (nach Belieben)

SO GEHT'S

1 Für die Fleischspieße das Hackfleisch in eine Schüssel geben. Pinienkerne grob hacken, Knoblauch schälen und fein hacken. Beides mit den Gewürzen, ¼ TL Salz und Pfeffer unter das Fleisch mengen. Die Hackmasse in 4 Portionen teilen und daraus etwa 10–12 lange, gleichmäßig dicke Würste formen. Der Länge nach auf die Spieße stecken, dann flach hinlegen und auf etwa 1 cm Höhe zusammendrücken, sodass sie sich gut in die Pfanne oder auf den Grill legen lassen. 1 Stunde zugedeckt im Kühlschrank ruhen lassen.

2 Für den Zwiebelsalat die Zwiebel schälen, längs halbieren und die Hälften längs in dünne Spalten schneiden. Mit Zitronensaft, Sumach und 1 guten Prise Salz mischen, 15 Minuten durchziehen lassen. Inzwischen die Petersilie waschen und trocken schütteln, die Blättchen abzupfen und grob hacken, dann unter die Zwiebeln mischen.

3 Für die Joghurtsauce den Joghurt mit dem Öl, den getrockneten Kräutern und Pul biber verrühren, mit Salz und Pfeffer würzen und je nach gewünschter Konsistenz noch etwas kaltes Wasser unterrühren.

4 Die Tomaten waschen, halbieren und in schmale Spalten schneiden, dabei den Stielansatz entfernen. Den Salat waschen, trocken schütteln, Blätter übereinanderlegen und in dünne Streifen schneiden. Petersilie waschen und trocken schütteln, die Blättchen abzupfen und grob hacken.

5 Couscous zubereiten und quellen lassen, wie auf S. 18 beschrieben. Eine Grillpfanne leicht mit Öl bepinseln und stark erhitzen, die Fleischspieße darin beidseitig jeweils 3–5 Minuten braten, bis sie schön gebräunt sind. Kurz ruhen lassen. Couscous auf zwei Schalen verteilen, Joghurtsauce, Tomaten, Eisberg- und Zwiebelsalat darauf anrichten. Die Spieße dazulegen. Alles mit Petersilie und nach Wunsch mit Pul biber bestreuen.

35 MINUTEN (+ 1 STUNDE RUHEN)

REGISTER

ÜBER DIE AUTORIN
UND DIE FOTOGRAFINNEN

Jessy Nitsche und Maria Panzer sind seit dem Kindergarten befreundet und arbeiten beide als Fotografinnen. Während Jessy auf Hochzeiten spezialisiert ist, hat Maria schon einige Bücher fotografiert.

Tanja Dusy fühlt sich am wohlsten, wenn es in der Küche richtig rundgeht. Sie schreibt seit über 20 Jahren erfolgreich Kochbücher und war lange Zeit als Redakteurin tätig. Als Küchenprofi entwickelt sie Rezepte, die nicht nur verlässlich gelingen, sondern auch das besondere Etwas haben.

FÜR NOCH MEHR GENUSS

Budda Bowls – Für heiße Tage
ISBN 978-3-7459-0232-7
25,00 € (DE) / 25,70 € (AT)

Buddha Bowls – Vegan
ISBN 978-3-7459-0233-4
12,99 € (DE) / 13,40 € (AT)

Levante
ISBN 978-3-96093-306-9
28,00 € (DE) / 28,80 € (AT)

IMPRESSUM

Bibliografische Information der Deutschen Bibliothek.

Die Deutsche Bibliothek verzeichnet diese Publikation in der Deutschen Nationalbibliografie.

Detaillierte bibliografische Daten sind im Internet über http://www.dnb.de/ abrufbar.

EIN BUCH DER EDITION MICHAEL FISCHER

1. Auflage 2021

© 2021 Edition Michael Fischer GmbH, Donnersbergstr. 7, 86859 Igling

Covergestaltung und Layout: Bernadett Linseisen

Lektorat und Redaktion: Christiane Manz, München

Satz: Carolin Mayer

Fotos: Maria Panzer, Offenburg, und Jessica Nitsche, Neustetten

Projektmanagement: Diana Jedrzejewski

ISBN 978-3-7459-0113-9

Gedruckt bei Polygraf Print, Čapajevova 44, 08001 Prešov, Slowakei

www.emf-verlag.de